共和国建设的高级工程师

袁宝华

贺耀敏 著

中国人民大学出版社
·北京·

部干事；1945 年抗日战争胜利后，根据中央的安排奔赴东北，先后担任吉江省委干部科长，乾安县委书记和洮安县委书记，嫩江省委分委宣传部长、省委研究室副主任兼省委青委书记。

1949 年在新中国成立前夕，袁宝华转入经济部门工作。历任东北工业部计划处长、秘书长，并作为中国政府代表团的随员，参加了与苏联政府进行的经济援助谈判；回国后任国家重工业部副局长、局长、办公厅主任，冶金部部长助理、副部长；1960 年担任国家经委副主任兼物资总局副局长、局长，1964 年担任新成立的物资管理部第一任部长；在十年“文化大革命”中，袁宝华被打倒，后来在周恩来总理的直接干预下出来工作，担任国家计委副主任兼生产组组长；1978 年担任国家经委副主任、主任，还曾兼任全国职工教育管理委员会主任、中国企业管理协会会长、中国企业家协会会长、中国职工思想政治工作研究会会长；1985 年担任中国人民大学校长，期间发起成立吴玉章基金委员会并任主任委员。他是第三届全国人民代表大会代表，中国共产党第十、十一、十二、十三次全国代表大会代表，当选中共十一大中央候补委员、中共十二大中央委员、中共十三大中央顾问委员会委员。现在，由于年事已高，他坚决辞去了所担任的绝大部分职务，但是仍然一如既往地关心着我国各项事业的发展。

让我们走进袁宝华的灿烂人生，与这位世纪老人开展一番激情的对话吧！

目　录

第一章

参加「一二·九」运动

河南地处中原，我们的母亲河——黄河横贯而过，这里是古老灿烂的中华文明和勤劳善良的中华民族的发源地之一。翻开中国历史，我们可以看出，这里向来都是全国政治、军事、经济和文化各个方面具有重要战略地位的地区。在 20 世纪二三十年代中国政治动荡不宁的历史时期，这里更是各种政治力量角逐、各种思想文化交汇的地区。这种独特的时代特点和文化积淀给袁宝华的青少年时期的成长和思想打下了深刻的烙印，铸就了他强烈的民主革命思想与抗日救亡思想。

1916 年 1 月 13 日，袁宝华出生在河南省南召县李青店镇一个殷实的大户家庭。南召县位于豫西南伏牛山中，这里山峦起伏，物产丰富，以盛产柞蚕丝和桐油而著名。很早以前，这里的商业就比较发达，往来贩货的晋陕商人很多。虽然交通不很方便，但是这里的商业和文化却并不落后。

袁宝华的父亲叫袁作相，母亲叫余宗娥。宝华兄弟姐妹七人，上有两个姐姐三个哥哥，下有一个妹妹，他在家中排行第六。宝华的父亲是家中独子，继承了一份很大的家产，有土地 1 000多亩，还开有商铺。他的父亲在当地是很有影响的人士，念过私塾，交往很多，见多识广，特别是与当时许多新派和旧派的文化人都有交往，是有名的开明绅士。当地的许多事务，经常要他父亲出面斡旋，尤其是在民国初年，军阀和盗匪很多，摊派甚至抢劫时有发生，他父亲总是要参与维护地方治安，保护当地百姓的利益，所以深受当地民众的尊敬。他的母亲虽不识字，但通达人情，扶贫救弱，对乡里的许多贫困农民，经常给予各种帮助和照顾，所以深受当地百姓的赞誉。操持着这么大一个家庭，里里外外，十分周到。她对自己的孩子要求很严，持家十分俭朴。

严父慈母对袁宝华兄弟寄予很大希望，全力支持他们进入当时争议很大的新式学校受教育，宝华四岁时就被送进镇上的小学读书。后来，由于土匪不断骚扰南召，袁宝华的父亲率全家迁往南阳居住，宝华便进入南阳卧佛寺小学读书，后来又转到南阳第四小学和新式小学——南都小学读书。当时南都小学是由著名爱国人士李益闻主持创办的，这里教师的教学方法很灵活，教学内容也以新派内容为主。袁宝华学习很刻苦，深得校长李益闻的欣赏。1925 年革命先行者孙中山逝世，这在素有进步倾向的南都小学引起了广大师生的极大悲痛。教师们向学生们宣讲辛亥革命的光荣历史，宣讲黄花岗七十二烈士的英勇事迹，这在少年宝华的心中留下了不可磨灭的信念，即要为民族解放和民主自由而奋斗。1926 年，樊钟秀部队进攻南阳时，他的父亲不幸被误伤去世。这对袁宝华一家来说真是晴天霹雳，家中的主心骨走了，一大家子人客居南阳，要吃要喝，开销很大，宝华的母亲只得出面操持全家生活，遂返回南召老家。

1928 年南阳局势稳定后，袁宝华又考入位于南阳的省立第五中学。在省立五中读书时，这个学校里就有共产党人在从事革命活动，当时袁宝华虽然还不了解共产党，但觉得这些共产党人都很了不起。在那种国难日深的环境中，想平静读书是不可能的，日本人在东北、在华北、在华东不断挑衅，制造了五卅惨案、济南惨案，侵略中国的野心昭然若揭，宝华积极参加反对日本侵略的学生运动，他们张贴标语，上街游行，表达青年学生强烈的爱国热情。至今他还牢牢地记着那时学校墙上所写的一则标语："人为刀俎，我为鱼肉；同胞睹此，作何感想？"这种发自内心的呼喊，宝华刻骨铭心。

1931年，袁宝华考入了位于开封的河南大学附属高中。在附中的这三年，是宝华思想发生很大变化的时期。高中生活刚刚开始，就赶上"九一八"事变爆发，日本帝国主义者在东北悍然挑起军事事端，并以此为借口公然大规模地武装侵占东北地区。消息传到开封，激起了开封各界人士的强烈愤慨，袁宝华和同学们走上街头，愤怒声讨日本帝国主义的野蛮行径，积极声援东北人民的反日斗争。继而1932年上海爆发"一·二八"事变，日本侵略者又把罪恶之手伸向上海，蔡廷锴将军率十九路军进行了顽强的抵抗。这一事件对袁宝华思想的刺激更深了，他专门写了一篇论时局的文章，表达他对时局的严重关切。在附中学习期间，袁宝华经常与一些进步学生共同讨论国家局势，探索正确的人生观，与他经常在一起讨论和探索的胡子云、郭以青等同学后来都相继走上了革命道路，为革命做出了重要贡献。一次，在反对附中校长压制共产党的活动中，带头的胡昭衡等同学被开除，袁宝华十分气愤。一天中午，他同他三哥一起砸坏学校布告栏的锁，把公布开除胡昭衡等同学的布告撕毁。在那沉闷的时局中，袁宝华的思想在激烈地斗争着，怎样过一种有意义的人生是他经常思考的问题。

袁宝华聪慧大气，勤奋好学，中国传统文化的功底十分扎实。宝华的父亲是旧式知识分子，酷爱阅读和收藏中国历史典籍，常常邀请董作宾等著名学者一起谈古论今，他还特聘私塾先生在家中给宝华兄弟讲“四书”、“五经”。到小学三年级时，宝华已经把“四书”念完了。上中学后，他对中国古典文学和历史演义的喜爱简直达到痴迷的程度，不仅读了《三国演义》、《水浒》、《西游记》、《红楼梦》等古典文学名著，还读了《东周列国志》等大量历史演义。与此同时，宝华还如饥似渴地阅读了大量“五四”以来产生的新文学、新小说，他特别喜欢鲁迅的小说《呐喊》、《彷徨》，郁达夫的小说《沉沦》、《迷羊》，郭

1934 年，河南大学附属高中毕业时与同学留影。

沫若的新诗《女神》等。这些新文学作品中散发出的自由和清新的气息，吸引着酷爱文学的袁宝华。

1934 年 7 月，袁宝华中学毕业，只身来到北平，准备报考他仰慕已久的清华大学和北京大学。在少年的袁宝华看来，要想挽救国家的命运，促进国家的振兴，只有走科学救国的道路。他就是抱着实现科学救国的梦想来到北平的，在北平，他听说清华大学管理很死板，学生的自由比较少，北京大学学生的自由比较多，就毅然选择报考北京大学数学系。对于数学，袁宝华是十分喜爱的，那还是在他上小学的时候，有一次他数学考了零分，被老师严厉斥责，打了手板子。从此他发誓学好数学，对数学的兴趣越来越浓，很快他的数学成绩便名列前茅。所以他在报考大学时，所选择的专业还是数学，他如愿被录取到素有民主、科学传统的北京大学数学系。按照宝华原来的人生规划，他是梦想将来做一位科学家的，在数学系学习的一年间，他广泛阅读数学和各种学科知识，同时继续参与北平青年学生的各种文学创作活动。到了大学二年级时，他对地质学的兴趣越来越强，遂转入著名地质学家李四光任系主任的地质系，并搬到北大西斋学生宿舍居住。

30 年代的北平，硝烟弥漫，日本帝国主义的魔爪已经伸向了这里，整个华北的时局急剧恶化。日本帝国主义在侵占了东北地区后，又加紧了侵略华北五省的步伐，它们不断寻衅滋事，步步紧逼，向国民党政府施加压力。懦弱的国民党政府不仅不抵抗，反而屈服于日本帝国主义的压力和恫吓。1935 年 6 月 10

1979 年 4 月，与北大同班同学合影。前排左起：吴若岩、袁宝华、杨博泉，中排左起：王鸿祯、贾福海、关士聪，后排左起：燕树棠、朱国平、郑绂。他们大多是我国地质工作领域的领导人和著名专家。

日竟颁布《申儆国民对于友邦务敦睦谊令》，视日本为“友邦”，对于不利于日本的言行，都要予以“严惩”；同时，又与日本侵略者达成“秦土协定”和“何梅协定”，这实际上把包括北平、天津在内的河北、察哈尔两省的大部分主权奉送给日本。这助长了华北五省脱离中华民国政府而“独立”的猖狂活动，日本扶植傀儡“冀东防共自治政府”，国民党也拟成立“冀察政务委员会”。到 1935 年夏，国民党军队从北平撤出。蒋介石对日妥协退让的政策，激起了全国人民的无比愤慨，北平的青年学生首先喊出了“华北之大，已经安放不下一张平静的书桌了!”。住在西斋的袁宝华和同学们组织了一个讨论时事的小组，经常在一起讨论的有十几人，大家都为中国的前途和命运担忧，都在探索和思考着救亡和图强的道路。

在十分压抑的气氛中也有好的消息。袁宝华这时也不断从不同的渠道得到许多令人振奋的好消息，如：红军经过艰苦的长征已经到达陕北。特别是著名记者范长江写的《成兰纪行》、《徐海东果为萧克第二乎?》等文章，介绍了红军北上抗日的情况，这星星点点的关于红军的消息，对袁宝华的影响极大。这时又有人在东斋张贴出了油印的中国共产党的《八一宣言》，宣言提出“停止内战、一致抗日”的主张，说出了袁宝华等进步学生的心里话。不久，又在西斋的阅报室里，出现了有毛泽东、朱德署名的《抗日救国宣言》。这立即在袁宝华等进步学生中引起了强烈的反响，他们都感到中国有希望了。在北平地下党的领导和影响下，平津十余所大中学校学生自治会在学生中积极宣传中国共产党的抗日主张，谴责国民党政府采取的妥协投降政策。这些都为“一二·九”运动打下了基础。

时局让袁宝华和同学们心情十分郁闷。一天，他跑到同学刘玉柱那里，激动地对刘提出“我们应当对中国的局势有所表示”。12 月 9 日下午，袁宝华正在北大地质馆做实验，这时，北平各校响应北平市学联号召举行的抗日救国示威游行队伍，正好路经北大一院，看到热烈的学生游行队伍，袁宝华和同学们纷纷跑出实验室、教室，迅速汇入到游行示威的学生队伍之中。当游行队伍到王府井时，遭到军警的围攻和袭击，他目睹了一位女同学被打得血流满面的场景，心中十分激愤，冲上前去同军警展开搏斗。当日夜晚，他作为积极分子参加了在东斋召开的北大地下党、团支部和学生会全体筹备委员会议，会议决定响应北平市学联号召开始罢课，并在12月16日举行示威游行。

2003年10月，与北大“一二·九”时期老同学朱穆之（右）、任继愈（左）在一起。

12月16日是原定的冀察政务委员会成立的日子，这一天的学生示威游行是“一二·九”游行的继续和发展。北平国民党政府为阻止这次学生游行，一大早即派军警封锁了北大和各斋院的大门，并在游行队伍要经过的地方布置了军队、警察、大刀队和消防队。但袁宝华和同学们手挽着手，冒着军警武力弹压的危险，冲上街头，队伍一次次被冲散，又一次次聚拢，在天桥、在前门，游行队伍一次次举行集会，学生们振臂高呼：“打倒日本帝国主义”、“打倒汉奸卖国贼”、“反对成立冀察政务委员会”、“全国民众联合起来”、“武装保卫华北”等口号，号召全市立即举行罢工、罢市、罢课。在这次学生游行中，又有一批同学被捕，不少同学被打伤砍伤，“一二一六”血与火的锻炼，教育了袁宝华，更坚定了他抗日救亡的决心。

两次游行之后，北平全市大中学生一致罢课。运动很快波及到全国，国民党政府和蒋介石要各学校当局和学生代表到南京“聆训”，针对这种情况，袁宝华和同学们积极响应中共地下党领导下的平津学联的决定，抵制赴南京“聆训”，报名参加“平津学生南下扩大宣传团”。在南下扩大宣传团的队伍中，袁宝华由于身材高大、孔武有力，被安排负责押运北大学生宣传团的行李和生活用品。南下扩大宣传团 1936 年 1 月 3 日从北平出发，1 月 24 日返回北平。前后 20 多天中，南下扩大宣传团在丰台、礼贤集、固安、霸县、任丘、保定等地，积极进行抗日救亡的宣传，控诉日本帝国主义在东北地区犯下的罪行，宣讲华北面临的危机，揭露国民党当局妥协投降的政策，许多群众听了学生们声泪俱下的宣讲和控诉，义愤填膺，纷纷要求政府坚决抗日，决不妥协。南下扩大宣传团，既播下了抗日的火种，又训练了一批抗日骨干。在返回北平前夕，大家共同商议成立“民族解放先锋队”（简称“民先”）。2 月 1 日“中华民族解放先锋总队”正式成立，16 日发表《成立宣言》。袁宝华成为“民先”最早的成员，并负责北大西斋“民先”组织工作。

“民先”成立后，袁宝华等同学积极协助北平地下党组织开展学生运动。组织参与了“三三一”抬棺大游行，组织了“黎明歌咏团”、“读书会”、“剧团”等，袁宝华等还创办了《炮火》壁报，画报头、写社论，几乎都由他一人承担，这个壁报每星期出一期，一直坚持到七七事变前夕。他还为“民先”出版的《我们的队伍》、《解放之路》写过报头。这些刊物把党内可以公开发表的文章转载上去，让更多的人了解共产党的主张。他还参加“民先”组织的“新文学研究会”，并加入“社联”、“左联”等由进步青年组成的文学团体。他拿起自己手中的笔，写出了不少充满对劳动者无限同情、对不合理的社会制度无比憎恶的诗歌，许多都发表在北平左联出版的《浪花》上。其中一首《挖河》充分表达了他的这种情怀，诗中写道：

泥水里忍不住饥肠万转，
泪泉模糊了我困乏的双眼。
命运的恶浪冲击着生活的漏船，
从心底我暗自咒骂昏聩的老天！

泥水里忍不住饥肠万转，
寒风颤抖着我破烂的衣衫。
枯瘦的脊背忍受着无情的皮鞭，
屈辱的岁月啊，你总该有个完！

泥水里忍不住饥肠万转，
怒火燃烧在种满仇恨的心田。
河堤上嚎叫着那个吸血的魔鬼，
那个猪一样的胖家伙，那个委员！

1936年5月初，袁宝华加入共青团，此后，他可以阅读到党的刊物《火线》和《救国日报》，开始对中国共产党有了新的认识，对党的统一战线的政策方针有了更深的理解。他还参加了党在清华大学开办的训练班。6月2日，北大成立学生会救国委员会，袁宝华当选为宣传委员，他一个人负责并承担了《救国快报》的编写、刻印和发行工作，他到处收集素材，发挥自己的才华，经常夜以继日地工作，把这份快报办得有声有色。

1936年9月，袁宝华加入中国共产党，同曹盼之、宋尔纯一起成为北大学生会党团的领导人。入党后，他以更大的热情投入到党的事业中来。这年下半年，袁宝华被选为北大新学生会的执委。遵照当时在华北工作的刘少奇、彭真的指示，袁宝华等利用新学生会在青年学生中积极进行抗日统一战线的宣传工作。同时，在学校发起“新北大运动”，这个运动的内容包括推动学校民主管理、改善学生学习和生活条件、组织各种学术和文体活动等，这不仅丰富了北大学生的生活，还引起了社会的广泛关注。袁宝华还与同学们创办了《北大学生》和《迎新专刊》。57年后的1993年，日本广播协会（NHK）采访袁宝华，当问道“你出身富裕家庭，为什么参加革命”时袁宝华回答说：“是日本侵略者把我逼上了革命道路。”

西安事变爆发后，北平进步学生纷纷要求严惩蒋介石。对于中国共产党主张释放蒋介石，袁宝华一度想不通。不久，党关于和平解决西安事变、促蒋抗日的指示传达后，袁宝华等同学才深刻理解了党的决定的意义，他们组织召开北大学生会大会，决定响应张、杨八项主张，停止内战、一致抗日。这时，北平的学联已经分裂，有两个学联对立，掌握北大学生会和

“民先”的领导权十分关键。1937 年 1 月，北大党支部成立，袁宝华任宣传委员。在北大“民先”分队部改选中，袁宝华等三人当选并组成新的领导机构。在党支部的领导下，他们立即投入学生会的选举工作，并取得了胜利。面对日本帝国主义在华北咄咄逼人的局势，北大“民先”多次组织大家到西郊进行军事训练，由红军派来的一个军官给大家讲游击战。袁宝华也参加了在香山卧佛寺附近的樱桃沟举行的军事夏令营。就在这时，七七事变爆发，“民先”队员组织救护队，积极开展支援二十九军活动。

在日本军事实力威逼和蒋介石政治压力下，二十九军被迫撤离北平。北平的形势骤然严峻起来，根据党的指示，“民先”骨干分子陆续撤离北平，奔赴各抗日斗争前线去。袁宝华后来回忆说：“一二·九”运动从 1935 年 12 月 9 日起到 1937 年七七

1985 年 12 月，纪念“一二·九”运动 50 周年，与当年参加“一二·九”运动的北大部分同学合影。

事变，前后持续一年半时间。“一二·九”运动是中国共产党领导下的一次爱国学生的民族救亡运动，对促成全国抗日救亡运动新高潮的到来起了重要作用，它在中国革命史上留下了光辉的一页。

袁宝华也于8月初经天津、烟台、济南，回到开封，投身到河南特别是家乡南召的抗日斗争中。在途经渤海时，他写下了诗篇《渤海之夜》，表达了他忧虑日深、满怀愤懑的心境：

渤海的夜风，扯着我薄薄的单衫。
海浪昂头怒吼，浪花在船头飞溅。
潮湿的空气夹着颤抖的歌声，
　　抚着流亡者痉挛起伏的脸。
啊，静静的古城！啊，海河的急湍！

渤海的夜风，扯着我薄薄的单衫。
狂风卷起巨浪，摔向无际的黑暗。
一点孤星在天边明灭，
　　朦胧可见一线岗峦。
啊，祖国！我梦一样地呼喊！

第二章 建立南阳抗日统一战线

袁宝华回到开封，住在在河南大学任讲师的大哥那里。刚刚安顿下来，他就积极同平津等地返回河南的进步学生联系，在8月底成立的"平津流亡同学会"中，袁宝华当选为执行委员。不久，袁宝华回到南阳，同当地的党组织取得了联系，他向从平津流亡回宛的同学介绍了济南、开封等地学生组织起来开展各种抗日救亡活动的情况，得到了郭以青等人的积极响应。1937年10月中旬，"宛属平津同学会"在南阳隆重成立，袁宝华与郭以青等七人组成常务干事会，他还兼任组织宣传股长。同学会的成立，带动了南阳一批抗日救亡团体的成立，推动了南阳抗日救亡活动的蓬勃展开。10月下旬，中共南阳特支成立，郭以青任书记，袁宝华、葛季武为委员。

南阳同学会在党的领导下，在广大城乡开展灵活多样的抗日救亡宣传活动。袁宝华等人组织宣传队，排剧目、作演讲，揭露日寇在东北、华北的野蛮暴行，介绍我国军民奋起抗日的英勇事迹；他们组成歌咏队，经常到中小学校演唱《义勇军进行曲》、《工农商学兵一起来救亡》等歌曲，袁宝华自告奋勇担任指挥；他主持办《炮火》壁报和《救亡》周刊，《炮火》壁报隔日出一大张，由他一人编写，前后共出了100期，《救亡》周刊则石印分发，他担任编委。此外，同学会还开展募捐活动，支援前方抗日将士；创建书店，出售抗日和其他进步书刊；举行时局报告会等。同学会的活动受到了人民群众的热烈欢迎，调动起了人民群众的抗日热情，鼓舞了大家的斗志。

1938 年 2 月，日本飞机开始轰炸南阳，中共南阳特支决定把抗日活动的工作重点转移到农村，并委派袁宝华回到家乡南召县去开展工作。袁宝华按照党的要求一回到家乡，南召县党组织即安排他到南召国民抗敌自卫团司令部的联防处工作，做政训副主任。与此同时，中国青年救亡协会在武汉成立，成为当时全国最大的青年抗日救亡组织。5 月，中共河南省委决定成立一个公开合法的全省统一的青年救亡组织，根据省委的指示，袁宝华等赴郑州筹备成立河南青年救亡协会。后因开封失守、郑州危急，会议迁至舞阳举行，与会的有来自全省各地各团体的青年代表，有谢邦治、丁法善、刘玉柱、赵梅生、姚雪垠等

1990 年 6 月，与姚雪垠（中）、白介夫（右）在一起。

20多人，在这次会议上袁宝华当选为协会执委，会议发表了《河南省青年救亡协会成立宣言》，这个宣言由姚雪垠执笔。从舞阳回到南阳，袁宝华随即参加了组建中共南阳中心县委的工作，省委派刘文任书记，袁宝华等任委员。继而袁宝华又出任中共南召区委负责人之一。7月中旬，南阳中心县委撤销，他又担任刚成立的中共豫鄂陕工作委员会委员。9月，根据豫鄂陕工委指示，组建中共南召县委，袁宝华出任统战部长。

这时，日本已侵占我半壁河山，战火将要烧到南阳。中共河南省委决定把伏牛山中的南召县作为省委的重要工作区域，以备将来在伏牛山中开辟敌后抗日游击战争根据地。1938年夏，中共河南省委迁至确山竹沟，彭雪枫担任省委统战工作委员会主任。当时统战工作的重点就是做好南阳地区国民党当局的地方实力派人物的工作，打开统一战线的局面。南召县的地方实力派人物是自治派首领李益闻，他是一位进步人士，由于受到了资产阶级改良主义的熏陶和五四运动的影响，逐步形成了他地方自治的思想。1932年，他为了改良社会，推行自治，组织成立了南召县自治区和四区自治联合办事处，并制定了《南召县经济建设计划》，提出了“兴水利、创实业、办民团、推行地方自治”的口号。李益闻曾是袁宝华的小学教师，袁宝华很尊重他，他也非常器重袁宝华。袁宝华利用这种关系积极做他的工作，不断向他宣传共产党的政策主张和共产主义的思想，把一些延安和武汉出版的文件资料拿给他看，这就促使李益闻萌发了同共产党人合作改造南召的想法。袁宝华借机向他推荐了一批共产党员和抗日青年积极分子，如胡子云、党及辰、王锡璋等，他们在南召抗日救亡活动中发挥了重要作用。袁宝华还安排中共南阳中心县委书记郭以青与李益闻会见。这些工作促使南召党组织和地方自治派建立起了牢固的抗日民族统一战线。

1991 年 4 月，重返河南南阳民教馆旧址。

1938 年 5 月，徐州失守后，中共河南省委就曾计划确定将南召建设成为全省的总根据地。豫鄂陕工委根据省委的指示，制定了新的工作方针，即集中全力向西发展，大力发展党的组织，巩固与扩大抗日民族统一战线，积极开展抗日救亡群众运动，掌握武装，准备在沦陷后开展游击战争，袁宝华与南召县的党组织积极贯彻豫鄂陕工委的工作方针，在南召创造性地开展工作。

首先，他们大力发展党员，扩大党的组织。针对地方武装缺乏必要的军事知识和政治素质，袁宝华向李益闻建议，对全县联防队班长进行轮训，由他牵头对他们进行军事和政治教育。轮训每期50～60人，为期半个月。在训练中，党组织秘密考察和教育，对条件成熟的及时发展入党。经过艰苦努力，在受训的250多名班长中，有100多人加入了共产党。这样，就使全县大部分武装掌握在共产党员手中，这在当时影响特别大。中共河南省委军事部长彭雪枫在7月4日给毛泽东的信中曾讲“南召武装3 000人，均在我党领导之下”。袁宝华还通过组织“南召县战时服务团”，发动群众，发现积极分子，扩大党组织。到1939年底，南召的党员已发展到600多名。

其次，他们积极开展统战工作，努力做好宛西地方自治派的工作。宛西地方自治派势力很大，他们以三民主义和地方自治思想为依据，倡导“自卫、自治、自富”政策，通过创办民团掌握大量武装，对国民党中央政府实行武装割据。能否做好地方自治派的工作，直接关系着中国共产党能否在宛西打开工作局面、站稳脚跟的问题。袁宝华积极做李益闻的工作，并通过李益闻做宛西自治派首领别廷芳的工作。并借李益闻南召县抗敌自卫团司令部的名义，处决了南召国民党复兴社头目蔡毓强，这对南召顽固反共势力是一个沉重打击。

第三，他们团结和带领青年学生，开展抗日救亡宣传活动。袁宝华率领南召抗日救亡团体，通过教唱救亡歌曲、演出抗日剧目、创办进步刊物等形式，宣传共产党的全面抗战路线，揭露并抨击国民党的片面抗战路线和压制民众运动的政策，广泛开展募捐活动，直接支援抗日前线。同时，袁宝华等还十分注重发现和培养青年积极分子，利用南召现代中学为我党培养了一批抗日力量，袁宝华经常到现代中学为积极分子讲课，现代中学被称为南召的“小抗大”。

1938 年 10 月，广州、武汉相继沦陷，中国抗战逐渐由战略防御转为战略相持阶段。日本侵略者对国民党政府的策略作了调整，即以军事进攻为主、政治诱降为辅，转变为以政治诱降为主、军事进攻为辅。逐渐将其主要注意力用于打击八路军和新四军。国民党也加紧制定“溶共”、“防共”、“限共”、“反共”的反动方针。面对这种局面，中共河南省委撤销豫鄂陕工委，建立豫西南特委（后改称豫西南地委、南阳地委），袁宝华任地委委员兼青年部长。1939 年 1 月 25 日，新任中南局书记的刘少

1991 年 4 月，在河南南召县参加 30 年代地下党老党员座谈会。

奇到南阳，在听取王阑西、郭以青汇报时，对豫西南地区党的工作作了重要指示。要求高度警惕国民党右派反共反人民的动向，要隐蔽精干、保存力量，要做扎扎实实的工作推动抗日民族统一战线的巩固和发展。

1939 年上半年开始，南召的形势开始逆转。共产党在南召所开展的轰轰烈烈的抗日救亡工作，使这一地区的进步力量迅速壮大，共产党的队伍也不断扩大。这种局面引起了国民党的警觉，一方面多次派特务到南召对共产党的组织和活动进行监视和破坏，另一方面他们不断给别廷芳、李益闻等地方自治派首领施加压力，要求清除共产党的力量。别廷芳迫于国民党的压力，也要求李益闻将南召的共产党员驱逐。到 1940 年上半年，别廷芳病逝，国民党对南召施加的压力更大了，并准备派党政视导团到南召等地解决共产党问题。面对这种形势，中共中原局指示河南省委，将在地方上被国民党特务注意到的共产党员输送到新四军和延安去。9 月，袁宝华接到上级党组织让他迅速隐蔽并前往延安的通知。袁宝华轻装转移，于 1940 年 11 月到达西安八路军办事处，并于 12 月跟随南汉宸奔赴革命圣地——延安。

这次离开家乡一去就是 51 年，1991 年才又踏上家乡的土地。看到家乡的巨大变化，看到青年时代的理想和梦想正在这里实现着，当时已经 75 岁的袁宝华无比欣慰，不禁欣然命笔：

故乡河山足风流，五十年来几梦游。
而今后生多俊秀，不须杯酒释杞愁。

第三章

在宝塔山下的锻炼成长

延安是当时革命青年和进步青年向往的地方，它是当时中国革命的心脏。袁宝华的心，早已飞向了延安。

刚到延安，征尘未洗，他就进入了中央党校学习。中央党校大礼堂的山墙上，用汉白玉刻着毛泽东题写的“实事求是”四个大字，这给袁宝华留下了十分深刻的印象。在这里，他首先感到的就是延安充满着清新的空气和勃勃的生机。袁宝华被编在 45 班，这个班里有来自全国各地的 30 多人。不久，袁宝华接替黄杰做这个班的支部书记。那时中央党校的教学内容丰富、形式多样，党中央的许多领导都经常到党校讲课，学员们思想也十分活跃，大家经常在一起热烈讨论。在中央党校学习的三个月期间，他一方面认真学习和系统了解了党在抗日战争中的政策方针，不仅大大提高了思想觉悟，而且也明显提高了政策水平；另一方面，通过学员们介绍各自在地方工作中的经验与教训，他也学习到了不少工作经验和方法。袁宝华把在南阳做地下工作的经验与教训、把在地方工作中压在心里的想法，一股脑谈了出来。大家帮助他进行分析和研究，这都使他收获很大。

学习结束后，袁宝华被分配到中央组织部干部科做干事工作，一直到 1945 年离开延安赴东北解放区。当时的中组部人才济济，陈云任部长，李富春任副部长，王鹤寿任干部科科长，乐少华任干部科副科长，这些领导都是很早就已参加革命、长期为党工作、有丰富的革命工作经验、卓有功勋的同志。袁宝华在他们的领导下做组织和干部工作，感到十分幸运和兴奋。中组部在杨家岭沟口北边的山坡上，与毛主席的住处很近，袁宝华经常看到毛主席在延河边上或山坡上散步。1941 年下半年，中央机关精兵简政，中组部由原来的 100 多人一下锐减至 16 个人，这还包括中央党务委员会在内。11 月，中央机关召开精简后的第一次全体干部大会，参加会议的仅有百人左右。毛主席在这次会议上讲了话，主要讲了反对主观主义、提倡实事求是的问题。毛主席讲话十分风趣、幽默，给袁宝华留下了深刻的印象。毛主席要求中央机关的干部办事情都要调查研究，从实际出发，避免主观主义。中央机关的任务就是要了解真实情况，掌握正确政策。毛主席说：你们可不要小看主观主义，主观主义也是个主义呢！他还举例子说：过去我们湖南人看到外国人手里提个文明棍，穿的裤子裤缝都是直的，于是断定外国人的腿不会打弯儿，要不为什么裤缝是直的，走路还要拿棍子呢？毛主席深入浅出的解释，使大家深刻地认识到了主观主义的危害。这是袁宝华到延安后第一次聆听毛主席的讲话。

中组部精简后，中央党务委员会由陈云兼任书记，下设秘书和干事各 1 人。中组部机构设置很精干，设有秘书处，管干部调配的 5 人；设有干部科，管干部等档案的 4 人，管干部调研的 3 人，加上部长及秘书。袁宝华则留在秘书处做干部调配工作。

机关人员精简了，但是中组部的工作并没有减少，所以袁宝华的工作和生活更加紧张了。他后来多次提到，在中组部工作的这段时间，是他成长最快、思想觉悟提高最明显的时期。

干部调配工作是十分重要的工作，需要具备踏实细致、认真负责的工作作风，同时这项工作政策性很强，直接体现着党的干部路线和干部政策。袁宝华牢记陈云对他所提出的希望和要求：要善于发现每位干部的长处，只有发现干部的长处，才能更好地使用干部和发挥干部的长处；人总是有长处、有短处的，只有善于发现干部的长处，才能善于发现人才。他在工作中很好地践行着陈云的这种干部思想和干部政策。

干部调配工作就是中组部的门市工作，接待干部、调配干部、审查干部。当时延安是进步青年向往的地方，对于来自全国各地的大批青年，袁宝华都要与他们谈话，了解他们的经历，根据他们的特长，提出安排工作的初步意见。特别是那些来自白区的同志，在十分艰苦、危险的环境中工作，经历比较复杂，袁宝华更是要认真调查了解他们的经历，通过调查研究给他们过去的历史做出正确的结论，并提出工作安排的初步意见。袁宝华做这项工作既仔细认真，又满腔热情，出色地完成了工作。

在当时的条件下，中央各部门和各解放区对干部的需要十分迫切，干部调配的任务也十分繁重。每天都有来自白区或苏区的许多干部到中组部来谈话，每天都要向各单位、各地区派遣不少干部。按照陈云的要求，无论是来自前方还是解放区的干部，只要到中组部来，就要让他们有一种到家了的感受。每天往往天还没有亮，那些从各地赶来要求谈话的干部就已经来到了中组部并在门口等待，袁宝华与这个干部刚刚谈完，又要紧接着与另一位干部谈，往往到很晚才能结束一天的谈话。对于与干部们的谈话，袁宝华都要做记录，对有些问题还必须做调查研究。根据这些干部的长处和优点，向领导提出对这些干部的使用意见，几乎每天晚上都要向陈云、李富春、王鹤寿等领导同志汇报工作。那时，袁宝华做组织工作，从来没有上、下班的概念，更没有休息日。从这时开始，袁宝华养成了每天记工作日记的习惯，并一直坚持了近70年。几十年来，他对工作始终一丝不苟，不曾懈怠，就是在延安中组部工作时养成的优良工作作风。

在陈云、李富春身边工作，也使袁宝华从他们身上学习了许多优良的道德品质和丰富的工作经验。例如，他们高度强调组织工作的保密性特点，严格遵守纪律，保守党的机密；他们十分重视调查研究，长期坚持用90%的时间做调查研究，用10%的时间做决策；他们十分注意工作方法，大事亲自抓，并且放手让干部大胆地去工作；他们十分注意抓思想工作，很关心青年干部的健康成长，经常找时间与干部谈心；他们十分重视经济工作，要求做政治工作的人都应有一段做经济工作的经历，这样才不至于空、不至于虚……这些品格和经验，影响了袁宝华的一生，他始终在身体力行。

1942年，延安整风开始。延安整风是党内一次大规模的马克思主义学习运动。袁宝华到延安刚刚一年多，就遇上了这次马克思主义大学习，他的马克思主义理论水平有了很大提高，学习收获极大。他聆听了毛主席的演讲，不仅系统地学习了《共产党宣言》、《反杜林论》、《社会主义从空想到科学的发展》等马克思主义经典著作，而且认真学习了毛泽东《整顿党的作风》、《反对党八股》、《改造我们的学习》和《在延安文艺座谈会上的讲话》等重要文章和著作。特别令袁宝华难以忘怀的是当时中组部浓厚的学习空气，在陈云的带领下，中组部的学习活动搞得生动活泼，有声有色，是延安整风学习搞得最有成效的单位之一。每星期学习1～2个上午，大家都放下手头的工作，认真学习原著，阅读一段，讨论一段，从未间断过。住在中组部的许多新当选的七大代表如陶铸、李葆华等人，也一起参加中组部的整风学习。在延安整风中，毛主席大力提倡开展调查研究，树立实事求是的思想路线，反对主观主义、宗派主义和党八股，斥责教条主义不如狗屎。袁宝华后来一再讲，这是他一生中学习马克思主义理论最系统、收获最大、感受最深的一次。

作为中组部部长的陈云，十分关心部里青年人的健康成长。实际上陈云当时也才40岁出头，但是长期的革命工作经历使陈云具有丰富的革命工作经验和深厚的马克思主义理论素养，他是中组部青年干部的良师益友。一天晚上，陈云提着马灯来到袁宝华居住的窑洞，同袁宝华长时间谈心，一方面对他在工作中的成绩给予充分肯定、热情鼓励；另一方面又谆谆告诫他在工作中要虚心向群众学习，不可自以为是、自恃聪敏。在延安窑洞里，在煤油灯下，他们的交谈持续到了深夜。袁宝华后来在回忆延安中组部的工作和生活时，还动情地说：在中央组织部工作的几年里，陈云同志的一言一行给我们留下了永不磨灭的印象，他对我们青年干部的培养和教育终生难忘，他是我们从事革命工作的楷模。袁宝华在陈云领导下前后工作了 50 多年，经常受到陈云的教诲，深受教益。

1985 年 6 月，看望陈云同志。

在延安中组部的工作和生活，袁宝华感到非常愉快。中组部就是一个革命大家庭，在同志们之间，不论职务高低、年龄大小，都互相关心、互相帮助。在抗日战争进入相持阶段后，由于日本帝国主义把作战转向敌后解放区战场，国民党又实行消极抗日、积极反共的政策，陕甘宁边区财政经济十分困难。毛主席号召开展大生产运动，中央机关在延安开展了热烈的生产竞赛，周恩来带头纺棉花。延安一下子变成了一个大工厂、大农场。袁宝华也积极参加大生产运动，除了开荒种地外，他运用自己懂科学和技术的长处，对当地古老的生产工具进行改造。例如，他看到当地老式纺车纺纱速度慢、质量差，无法满足当地对纺纱的需要，就一门心思想改造这种老式纺车。他通过实验，在大纺车和纱锭中间安置了一个加速轮，使纺车从原来的由两个部分组成改为由三个部分组成。这样一改造，一下子就大大提高了纱锭的旋转速度，纺纱效率大幅度提高，大纺车带动加速轮的小轮，加速轮的大轮带动纺锭，原来要转三四圈才能抽一根纱，改造后抽一根纱连一圈都用不了。袁宝华他们纺的线，质量很高，价格也高，人们把他们纺的线主要做缝纫机线用。在1943年杨家岭中央机关纺纱比赛中，袁宝华夺得了第一名，《解放日报》还专门报道了袁宝华用一两棉花纺线15 000尺的事情。

1945年8月15日是中国人民永远难忘的日子。经过中国人民和中国共产党艰苦卓绝的八年抗战，日本宣布投降。消息传来，延安举行了隆重的欢庆活动，袁宝华高举火把，与战友们欢腾雀跃，欢呼中国人民抗日战争的伟大胜利。而在两天前的8月13日，袁宝华在中央党校大礼堂听了毛主席作的《抗日战争胜利后的时局和我们的方针》的报告，毛主席慷慨激昂，提出我们对国民党必须坚持“针锋相对，寸土必争”的方针。毛主席讲：敌人在磨刀，我们也要磨刀。人民流血牺牲得到的果实，我们要坚决保卫住，人民的武器，一支枪一粒子弹都不能交出去。这给袁宝华留下了深刻的印象。

第四章

在东北开展土地改革

抗战胜利后，国内的形势开始发生急剧的变化，国民党政府图谋发动内战、消灭共产党的本性日益暴露出来。在这种情况下，与国民党展开针锋相对的斗争，寸土必争，保护人民胜利果实，是中国共产党肩负的重要任务。当时在延安中央机关工作的许多同志都纷纷要求到第一线去，袁宝华也主动向组织提出了坚决要到前线和基层去工作的请求。不久，组织决定袁宝华随张秀山、文敏生率领的干部队到河南去开辟工作。后来因为国民党积极准备发动内战，胡宗南抢占陇海铁路阻隔道路而未能成行。这样，组织又决定袁宝华随卢晓率领的干部队赴东北，投入建立与巩固东北革命根据地的斗争中。干部队由赵飞克任支部书记，袁宝华担任支部委员。

1945 年 9 月，袁宝华和干部队告别延安。回想起在延安工作和生活的几年时光，想起将要分开的领导和战友，袁宝华依依不舍。但是想到即将奔赴对国民党作战的第一线，深入到群众中去开展工作，他又满怀激情。11 月到张家口后，他坚持辞去了晋察冀中央局组织部执意挽留他到边区工矿管理局工作的安排，坚决要到最艰苦的地方去。12 月，在张家口组成以严达人为队长、袁宝华为副队长兼支部书记的新的干部队继续北上。干部队途经承德时，聆听了程子华关于经济工作的报告，他很受启发。干部队行至阜新，开始跟随黄克诚的部队前进。经过秀水河战斗，干部队于 1946 年 1 月进入通辽。当时通辽刚刚解放，摆在军队面前的工作很多，急需干部队给予帮助。这样，干部队就留在通辽帮助建立通鲁地委。通鲁地委书记喻屏留袁宝华一起工作，袁宝华遂担任地委组织的城市工作队队长，深入基层做城市工人、贫民和青年工作。袁宝华带领工作队员到群众中去，认真做调查研究，了解刚刚解放了的群众的想法和要求，宣传共产党的政策和方针。他们一家一户地走访贫民，积极组织青年学生参加政治和职业学习，扎扎实实地推动城区新政权的建设。经过两个月的努力，工作局面逐渐打开，新政权的基层组织初步建立起来。

就在这时，为了保卫我军接管的东北重镇长春，反抗国民党强占长春的企图，中央决定在前郭旗成立吉江省委，喻屏调任省委组织部长，袁宝华奉调担任组织部干部科长。他们离开通辽一同到前郭旗，开始了在东北地方建立和巩固人民政权的艰苦工作。

当时东北的工作环境十分艰苦和险恶。特别是在伪满政权和日本侵略者长达十四年的军事统治之下，东北各地人民对中国共产党及其政策主张很不了解。抗日战争胜利后，奉行消极抗日、积极反共政策的国民党政权，在美国的纵容和大规模军事支援下，派重兵和接收大员，到东北抢摘抗日胜利的果实。东北各地的地方武装也摇身一变，成为国民党的保安部队，企图借机大捞一把。针对这种形势，中国共产党中央和东北局明确提出，要在东北建立牢固的革命根据地，必须首先把群众发动起来，使人民真正拥护共产党和党的政策方针，同我们一起反抗国民党的武装进攻。如果共产党的工作做得不好，那么就会“死无葬身之地”。正因为如此，抗战胜利后，党的组织先后派往东北的干部有2万多人、部队10多万人。

新组建的吉江省委是个精干的班子，省委直接管辖了10个县。省委面临的大量的工作都是在基层，平时在前郭旗车站附近省委机关办公的只有刘震、刘彬、郭峰、宋乃德和喻屏五位领导，省委组织部（喻屏兼部长）也只有干部科长袁宝华一个人。当时最大的困难就是缺乏一支坚强而合格的干部队伍，挑选并组建一支有战斗力的干部队伍是当时省委和省委组织部最重要的工作内容。省委明确提出：“发展党和培养基层的工作干部（党和非党的），应是开展工作的领导关键。我们的外来干部是缺乏的，远不能适应工作发展的需要。没有成千上万的新生干部的培养，根据地是无法生根的。”正是这种工作环境中，袁宝华全力协助喻屏做各县的县级干部工作配备和组织大批干部下乡的工作，几乎是每天都要找大批下去的干部谈话，忙于对干部的调查和工作分配。

袁宝华十分重视宣传工作，注意发挥宣传工具的作用。在受命整顿《吉江新报》时，他从干部中挑选出一些热爱新闻宣传工作的同志充实到报社做业务骨干，还经常直接到报社指导选稿和编辑工作，使该报办得有声有色。他还担任设在扶余的建国学院的副院长，该学院把共产党在苏北根据地培养和培训干部的成功做法搬到东北，对各级干部特别是青年干部进行培训，增强他们的党性，提高他们的政策水平。院长郭峰和袁宝华总是挤出更多的时间到学员中去，同他们交流思想，讲党的政策和斗争史，给学员们作报告，为当地培养了一批革命意志坚强、扎根基层工作的青年干部。特别是学院培养了一批蒙古族青年干部，他们经过学习后政治觉悟和工作经验明显提高，在巩固当地地方人民政权中，发挥了重要的作用。当时，在东北一些地方经常出现新组建的地方武装叛变事件，但是以建国学院学生为骨干组成的骑兵团则始终掌握在共产党手中。

1946 年 4 月 18 日，东北民主联军同国民党军队在长春市四平街展开激战，相持长达一个月时间。5 月下旬，长春失守，国民党军控制了松花江以南地区。根据这种变化，东北局撤销吉江省，把吉江省分为三个地委，并决定袁宝华到辽吉省委三地委担任组织部副部长。由于袁宝华熟悉组织工作和机关工作，地委书记刘彬、副书记郭峰都希望袁宝华能同他们一起在地委工作。但是，袁宝华仍坚持提出要到前线和基层去工作、到艰苦的地方去工作。他当时在日记中这样写道："决心下乡抑决心长期呆在机关里，在这一点，毫无选择余地，自然我决心下乡。"所以，在地委组织部工作还不到一个月，1946 年 6 月他就下到环境十分艰苦、情况比较复杂的新解放区——乾安县工作，担任县委副书记兼副县长。同年 9 月，担任县委书记，主持全县工作。他当时用诗的语言这样描述他到基层工作的心情：

虽然对前郭旗我还有点依恋。
展平的草原铺在眼前，
心里也宽敞起来，
所有新的感觉纷至沓来。
天空里飘浮着夏天的云彩，
茂密的草绿油油的像融化了一样，
马群炸裂了，向远方奔驰，
草原荡漾着一层轻尘。

袁宝华一到乾安，首先就是在县里的干部中讲团结，积极消除在先后两批外来干部之间存在的不信任与对立情绪。他运用在延安中组部养成的干部工作方法，耐心细致地做干部的思想工作，与干部们亲切交流和谈心，在干部中树立讲团结、讲

1947 年 2 月，与乾安县领导班子合影。

大局的作风，他以身作则，同当时任县委书记的张健、任县长的周时源和王晓天等负责人紧密团结、密切协作。在他的努力下，一度比较紧张的干部团结问题解决了，全县的工作热气腾腾地开展起来，局面很快打开。

乾安县位置偏僻，远离铁路线，交通不便，加上四周是成片的大草甸子，很方便土匪活动和藏匿。长期以来，这里一直是地主武装较强、土匪频繁出没的地方。日本投降后，这里的土匪更是迅速兴起，他们与地主豪绅、敌伪残余相勾结，组成政治土匪“光复军”。当时乾安全县这类土匪就有 20 余绺，人数达 1 000 余人。他们打家劫舍，抢略民财，搞得地方很不安宁，老百姓十分恐惧担心。此外，他们还经常袭击各级人民政权，杀害党政干部，对新生的人民政权造成很大威胁。不把这群土匪的嚣张气焰打下去，就不能消除广大群众的惧怕心理。1945 年 12 月，在这里就发生过地方武装反水事件，杀害干部战士 18 人，企图推翻县人民政权。6 月初，又遭遇到县内千余名土匪围攻县城。当时守城的县武装大队只有 100 余人，加上机关干部也不足 200 人，武器弹药也很少。在县委提出的“军民团结一致，坚决抗击土匪，誓死保卫县城”的口号下，干部战士坚守了 5 天，保住了县城。这件事平息后，袁宝华率领县委的同志深入各区各屯，放手发动群众，加强县大队、区村自卫队建设，在辽吉军区第三军分区部队的支援下，开始大规模地围剿地主和土匪武装。到 1947 年，共剿灭匪绺 23 个，捕获匪首 63 名，处决 42 名，基本肃清了乾安县境内大股土匪。这极大地调动了群众的革命热情，增强了群众对人民政权的信心，巩固了根据地建设。

在东北建立牢固的革命根据地，工作重点是农村。袁宝华到乾安后，坚决贯彻东北局和辽吉省委的指示，坚持把农村工作作为县委工作的重点，他提出“农村是家，城市是旅馆”的工作口号，反复告诫县里的干部，城市只能是各项工作的一个方面，所有工作的基础都应放在农村。他组织并带领县委一班人，创造性地开展工作。县里的主要领导都一头扎在农村，每月回县里开一次会，开完会立即骑马又回到农村。面对各区政权在6月初的土匪作乱中遭受严重破坏的局面，他带领县委、县政府的干部和工作队深入到全县各区各屯，发动群众恢复区政权，同时继续开展锄奸反霸、增资减租工作。他在6月15日全县干部会上提出：要把群众工作的重心移向农村，镇压反动地主的气焰，立即恢复区政权，分配公有土地。并要求下乡工作队首先做好那些胆大敢干的贫雇农的组织发动工作，支持他们站出来开展清算斗争，以他们为骨干组成基层政权。他还带队到各区举办乡干部培训班，组织农民自卫队，在不少屯都建立起由翻身农民组成的快枪队，依靠翻身农民组成维持地方治安的武装力量。

实行土地改革是彻底废除农村封建制度的根本政策，也是发动群众、巩固根据地政权的根本措施。乾安县贫雇农占农村人口的72%，但他们只拥有全部耕地的3.3%，而占农村人口5.7%的地主，却拥有全部耕地的88%。土地高度集中与高利贷盘剥，使贫苦农民无法生活，广大农民对土地的要求十分强烈。7月，各区政权和武装大队已普遍恢复，县委开始贯彻“五四”指示和东北局“七七”决议。全县召开扩大干部会议，吸收农民积极分子参加，进一步讨论放手发动群众问题。决定抽调大批干部下乡发动群众，袁宝华等县委领导分头到基层蹲点，在全县开展了大规模的清算分地运动。到8月底，全县农会会员已达9 856户，占总户数的75%，分配土地58 379垧，房屋3 192间，骡马2 065头，其他牲畜2 038头。

1946年9月18日，乾安县召开全县农工代表大会，决定成立县农工建国会，袁宝华当选为会长。农工建国会是县里规模最大、联系最广的群众组织，在县委的领导下，农工建国会进行了战争、生产和团结的动员，通过了参军、秋收等决议案。在9—11月，以秋收、分粮为中心进行了参战、审干和参战勤务等工作。通过这些工作，全县104个自然屯都进行了集体秋收，在工作中执行“优待扛活（雇农），照顾中农”的政策，创造了秋收模范屯——大珠字井和它的劳动组织、分粮办法。这就最大限度地调动了广大农民群众参与分配土地和清算运动的积极性与热情。同时，县里建立了农工大队、警卫排，并在边缘地区建三个区队，积极动员青壮年踊跃参军。10月，县委动员全县320名青年参军。1947年初，又动员了700余名青年参军。到1948年，全县共有3 500多人参军。几十年后袁宝华谈到那种父母送儿上战场、妻子送丈夫参军的场面，仍然为之动容。为了加强干部队伍的纯洁性，增强干部队伍的战斗力，袁宝华等在县、区开展审查干部工作，许多区都举办农工训练班，并提拔了一批在运动中涌现出来的年轻扛活积极分子，党的各级组织及时地把其中符合条件的积极分子吸收入党。1946 年到 1948 年 3 月，通过不断进行战勤动员，全县共出大车 3 644 辆，担架 1 698 副，担架队员 10 188 人，民夫 10 649 人。那真是有人出人、有物出物、有钱出钱，场面十分激动人心，干部群众夜以继日地推碾打场，支援前线。

1946 年 9 月，任乾安县委书记，带领翻身农民游行。

从 1946 年 11 月底开始，县委提出以查地斗争为中心，进一步发动和巩固群众运动。这么做主要是因为一些地方群众没有真正发动起来，大权还控制在地主在农会中的代理人手中，对于分配的土地，农民不敢要，白天分东西，晚上又给地主送回去。针对这种情况，县委提出要“煮夹生饭”。首先是纯洁组织，保证地方政权和农会掌握在人民手中，解决某些地方存在的“农会不清，干部不好，地主威风在，干部满洲派，狗腿子上了台，农民起不来”的情况。其次，县委要求各区干部工作队深入农村，交穷朋友，与他们一起倒苦水、找穷根，启发阶级觉悟和斗争要求，与地主撕破脸皮，开展面对面的斗争，使土地改革真正做到“人到屋，马到圈，地到手，粮到口”，并组织农会挖浮财。1947 年初，在土改和清算斗争中出现了偏差，各地在纷纷学习兰西经验时，搞了一个扫堂子（即对地主富农甚至富裕中农搞了一次大进攻）。斗争所采取的手法、斗争的范围都明显过火了，特别是挖浮财，在一些地方人为地制造了一种紧张和恐怖气氛。袁宝华发现这种现象后，立即赶往各区制止，反复向群众说明政策。通过这件事，袁宝华深感对干部进行政策教育比什么都重要，毛主席讲“政策和策略是党的生命”，真是千真万确。不讲政策，不讲策略，对敌人打击还不到家，把群众都吓跑了，最后只会失掉群众。

在袁宝华和县委的领导下，乾安县的土地改革取了巨大的成绩。在这块土地上彻底消灭了封建土地制度，农民群众真正翻身做了主人。袁宝华曾写诗盛赞乾安出现的新气象，其一写道：

万象更新新乾安，晴日映雪不知寒。
歌舞声里斯民乐，都道天堂在人间。

其二写道：

亲自动手渡难关，也为群众减负担。
挈畚积肥踏春雪，驱车采薪入莽原。
耕耘以时足自给，纺织唯勤宜偷闲。
革命劬劳亦乐事，暇日把杯祝丰年。

1948年2月，袁宝华奉调担任洮安县委书记。洮安县属辽吉省委四地委管辖，四地委撤销后，直接归省委管，县委所在地白城，也是省委所在地。袁宝华到任之初，正值春耕生产时节。征尘未洗，他便立即投入春耕生产动员运动之中。

1948年春，任洮安县委书记。

在土地改革刚刚进行完的洮安县如何组织春耕生产，县里存在着两种不同的意见：一种意见是主张放宽政策，动员大家集中力量投入春耕生产；另一种意见主张要巩固和发展土改的成果，要把农民组织起来搞共同生产。当时已有两个区搞了大耪青，即土地、农具、牲畜等归属大家，集体劳动。两种意见争论很激烈。袁宝华没有急于表态，他带着两种不同意见到农村中去做调查研究，发现刚刚获得土地的农民群众内心里都不赞成大耪青，但在实际生产中又的确存着一些困难。

经过调查研究和深思熟虑，一套推动春耕生产的做法在他脑海里逐渐成熟了。他向担任省委民运部长的喻屏谈了自己的想法，喻屏很支持他，随即他在全县春耕生产动员大会上的报告中，正式提出了“三大自由”，即搭具自由、借贷自由、买卖自由。搭具自由，就是允许农民在生产中相互自由结合，克服生产资料特别是牲畜缺乏造成的困难；借贷自由，就是允许农民相互之间有些借贷，缓解农民生产资金的不足；买卖自由，就是允许农民从事生产资料的买卖，解决生产中急需物资的交换。“三大自由”一提出，立即引起热烈反响，广大农民衷心拥护，省委也肯定了这一做法，当时担任省委书记的陶铸称赞这是新鲜事物。省委机关报《胜利报》，在头版头条刊登了袁宝华的报告。这一政策产生了积极的效果，极大地激发了翻身农民进行春耕生产的积极性，很快在全县掀起了春耕生产的热潮。

袁宝华在他的一首《洮儿河》的诗中热情地记录了洮安发生的变化：

洮儿河——静静的洮儿河，

往昔的苦难，你可曾忘却？
跑关东的终年血汗，换来了
　　日寇、王爷、地主的重重枷锁！
你的汁水哺育着他们
　　在死亡线上挣扎、过活。
你呜咽东去，日日夜夜，
　　向谁诉说？

洮儿河——静静的洮儿河，
黑暗的闸门，你一肩承托！
万里春风苏醒了千年冰雪，
　　受难者的血泪激荡着百丈金波。
狂流滚滚犹如战鼓雷鸣，
　　翻身农奴燃遍了斗争的烽火。
你咆哮而来，奔腾澎湃，
　　高唱战歌！

洮儿河——静静的洮儿河，
千里迳流，不曾有一个漩涡。
你带来了大兴安岭青松的涛声，
　　也带来了科尔沁草原欢悦的牧歌。
你滋润着白城平畴的沃土，
　　也滋润着各族儿女的心窝。

你犹如晴空的雄鹰，

崭新的天地从此开拓！

9月，袁宝华离开洮安县，担任辽吉省委后方工作委员会（后改称嫩江省分委）宣传部长。这一年11月，分委撤销。袁宝华改任省委青委书记、省委研究室副主任。1949年4月，袁宝华作为嫩江省的青年代表到北京参加全国青年团代表大会。这

1949年4月，到北京参加新民主主义青年团代表大会，途经山海关。左二袁宝华，左三李浩。

是他离开北京12年后第一次回来，他兴奋地记述了回到人民手中的新北京：

当年烽火起燕幽，迅雷烈风遍神州。

十二年来天地改，红旗如潮拥层楼。

从北京返回后，袁宝华主持召开了全省学生代表大会，并在会上做动员报告，号召全省广大青年学生认清自己肩负的历史责任，积极投身于解放全中国、建设新国家的革命洪流中去。

正当袁宝华倾注巨大热情开展青年工作时，东北人民政府决定从地方调集一部分年富力强、有较高文化的干部到经济部门工作，加强经济领导和管理部门。袁宝华奉调东北工业部，从此步入了结缘一生的经济工作战线。

第五章

为了新中国的重工业建设

1949年6月，袁宝华奉调进入东北工业部，这成为他一生经历的一个重要转折。

东北是我国最早全部解放的根据地，也是我国当时最大的重工业基地。能不能成功地接管并组织和领导好东北地区的城市和工矿企业，这对于中国共产党来说，的确是一个严峻的挑战和考验。早在中共七届二中全会上，毛主席就提出必须把“党的工作重心由乡村移到城市”，“必须用极大的努力去学会管理城市和建设城市”。1948年底东北全境解放后，我们党就面临着十分艰巨的东北工业恢复与重建的任务。一方面，由于日本帝国主义长期的掠夺和战争破坏，大部分工矿企业都已停产，生产能力丧失，厂房设备几乎夷为废墟；另一方面，东北人民政府刚刚成立，还缺乏领导城市和工业建设的经验，尤其是严重缺乏懂得工业建设的干部和技术人员。

毛主席十分关心东北工业的恢复与发展，提出要建设好东北工业基地，东北要出产品、出经验、出人才。为此，东北人民政府工业部迅速由哈尔滨迁至沈阳，具体负责组织和领导东北地区钢铁、有色金属、机械、电力、化工、建材、煤炭、石油、轻工、纺织等工业部门的恢复生产和重建工作。东北工业部当时下设了12个工业管理局，包括有色局、化工局、建材局、机械局、电器局、轻工局、纺织局、电业局、煤矿局、兵工局、石油局等；还有一些骨干企业，包括鞍山钢铁公司、本溪煤铁公司和抚顺矿务局等。王首道、陈郁、王鹤寿等同志先后担任部长，担任过部领导的还有邵式平、吕东、安志文、乐少华、夏耘等同志。面对繁重的工业管理任务，东北工业部从各地方、各部门调集了一批朝气蓬勃、年富力强的干部，充实到工业部的各个岗位。

袁宝华调入东北工业部后，先后担任计划处副处长、处长和东北工业部秘书长，积极参与了东北工业的恢复重建和东北工业计划的制定。计划处是东北工业部的灵魂，是部里职责最重、人数最多、规模最大的处，业务范围包括东北地区工业的计划、生产、技术、安全和统计等工作，设有冶金室、煤矿技术室、机电土建室、化工轻工室、综合计划室、资料室、秘书

1949 年 9 月，沈阳东北工业部大门前。

室和工程师室，人数最多时达180人。袁宝华是接替柴树藩做计划处处长的，副处长有余建亭、赵岚、王之玺等。

恢复和重建东北工业，首先面临的是干部队伍和技术人员的严重缺乏。东北工业部的第一项工作，就是广泛招揽人才。为解决当时东北工业人才奇缺困难，工业部各处、局积极招揽人才，在很短的时间内从全国各地招聘和组织起了一支颇具规模的干部与技术队伍。这支队伍中，既有党培养多年的干部和知识分子，也有日伪和国民党统治时期从业的未撤离的人员、各地失业的技术与管理人才，还有一大批充满朝气的新毕业大学生。在短短的几年中，东北工业部通过多种途径，招揽了一大批东北工业发展急需的人才，人数多达数千人。各企事业也广招人才，仅鞍钢一年就接收了2 000多名大学生。计划处里也集中了一大批这样的人才，大家来自天南海北，但却互相学习，取长补短，团结一心，努力工作，形成了一个充满活力和战斗力的集体。袁宝华十分关心这批干部与技术人员的生活和学习，虽然他比他们大不了几岁，但他却经常组织大家学习，给他们上党课，提高他们的政治和业务素质。正像王鹤寿总结的那样：东北工业之所以迅速恢复和发展，其主要经验是“老干部十大学生”。据后来担任航空航天工业部部长的林宗棠回忆，袁宝华十分重视培养年轻干部，当时为了抓全国最大的机械厂——沈阳机床一厂的企业管理，克服“月初逛西湖，月底打老虎”的不均衡生产情况，袁宝华安排他到该厂当副厂长，当时叶选平任厂长。但当时仅有25岁的林宗棠去了以后一时很难开展工作，袁宝华就直接打电话给机械局局长要求重用林，林很快就做了第一副厂长，使得该厂的均衡生产面貌大为改观。袁宝华还推荐青年干部杨桦到鸡西矿务局去做副矿长。在袁宝华的带领下，计划处形成了很好的学习空气。他还鼓励大家创新，当时的做法，一是学习苏联，二是深入实际，三是学习新知识。许多在计划处工作过的同志，后来都成长为我国经济战线上的领导骨干。

东北工业部计划处同志联欢。

发动群众、恢复生产是我们党在东北创造的成功经验。计划处在东北工业部的领导下，积极参与和发动了献器材、修设备的群众运动。各工矿企业的广大工人纷纷参与到这一活动中来，清理残存物资，挖掘被日伪和国民党藏匿的零部件与设备，涌现出许多感人的英雄事迹。如鞍钢炼铁厂老工人孟泰，爱厂如家，夜以继日地收集清理各种器材，成为大家学习的榜样。在孟泰精神的带动下，鞍钢工人和技术人员在短短的一个月中，就献出各种器材 21 万件，这有力地支援了鞍钢的恢复生产。仅 1949 年，国家就奖励鞍钢护厂、献交器材功臣 141 名，修复各种设备功臣 1 551 名。1949 年 7 月 9 日，袁宝华跟随李富春、林枫等领导出席了鞍钢以二号高炉开炉点火为标志的开工盛典，这标志着东北工业恢复的序幕已经拉开。

创造新记录和合理化建议活动，也是计划处配合工业部开展的重要活动。获得翻身解放的工人阶级，焕发出极大的生产积极性，他们的口号就是“推翻旧指标，创造新记录”。在创造生产新记录、开展合理化建议活动中，连续刷新旧的生产记录，把整个管理水平和技术水平都带动起来了。这种群众性的技术创新、管理改革活动，使企业管理水平和企业生产形势越来越好，在这一群众运动中涌现出了马恒昌、赵国有、党会安等先进人物以及一批先进集体。袁宝华十分重视总结他们的先进事迹，抓典型带一般，在东北地区宣传推广。例如，当他得知沈阳机床五厂车工赵国有在车床上加工塔轮缩短了时间、刷新了记录时，就及时抓住这件事，总结经验加以推广。当马恒昌小组不断刷新生产记录时，他专门撰写《马恒昌小组的生产经验》一文，介绍他们的生产经验，这对于大家学习马恒昌小组起到了积极的推动作用。为了提高企业管理水平，特别是工厂的车间管理水平，袁宝华一方面十分注意发现我们自己工厂车间管理的经验，同时还组织有关人员专门翻译出版了苏联的《车间主任经验谈》一书，介绍了苏联大工厂中六位车间主任的工作经验。

1950 年东北工业计划是袁宝华到计划处后着手编制的第一个计划。东北是我们党最早开始进行计划经济建设的地区，从 1949 年即开始进行有计划的经济建设。但 1949 年的工业计划还很不完备，一方面是由于缺乏制定计划的经验，对工业计划所应包括的内容及所必须考虑的条件还不熟悉；另一方面是由于刚刚解放，我们缺乏必要的基础统计数字，编制计划没有科学数据。所以，1949 年的计划还是个很主观的计划。编制 1950 年的计划，对于袁宝华和计划处的同志来说，是一次重要的学习。在东北工业部部长王鹤寿和苏联专家的帮助下，大家逐步搞清楚了什么是计划，为什么要做计划，计划的主要内容是什么。当时在东北工业部担任总顾问的苏联专家是波格达廖夫，他曾经担任苏联轻工部部长，他十分重视和强调计划的重要作用。为了了解第一手资料，袁宝华要求处里的干部经常到厂矿企业中去，所有的矿山、所有的工厂都必须走到，管什么事就跑什么单位。大家都必须到实际部门和基层单位了解情况、发现问题、提出建议。为了反映大家调查研究的成果，计划处专门出了一个内部刊物——《生产情况》，从实践中发现的许多问题都及时得到了反映。在短短三年间，《生产情况》出了约 200 期。那时，计划处的工作十分繁忙，袁宝华从来没有什么休息日，每天都要工作到很晚才离开办公室。袁宝华每个月都要主持召开一次计划处长会议，要求工业部所属各局、各公司汇报情况，总结经验，提出问题，商量对策。在长期领导经济工作特别是负责编制计划工作的岗位上，袁宝华养成了严谨的工作作风，练就了超强的记忆力，许多与他一起工作过的人每每谈到这些都无比钦佩。

为了搞好计划编制和落实，首先必须抓统计和定额。计划必须建立在准确的统计之上，为此在计划处内专门设立了统计室，负责整个东北工业的统计工作，并逐步在各局、公司中建立了统计组织机构和报表制度。计划处不断培训各单位的统计人员，提高他们的业务水平。袁宝华多次召开各局、公司的统计会议，强调统计工作的重要性。从 1950 年初开始，计划处要求各局、公司建立健全日报制度，这就使东北工业部可以随时掌握东北各厂矿的生产进度和计划情况。计划处为了制定合理的定额，袁宝华等还率领大家拿着秒表在工厂车间实测生产进度。那时统计工作条件很差，一开始统计工作主要是打算盘，只有少数几个人用一台手摇计算机，但大家工作都十分认真。1950 年的计划就是在这种认真的工作作风和深入的调查研究基础上制定出来的，所以，它是东北工业发展的第一个较完整的计划。

正当东北工业开始大规模恢复建设的时候，朝鲜战争爆发，人民解放军被迫入朝作战，抗美援朝。面对急剧变化的形势，中央决定将分布在东北南部工业基地的工厂开始向东北北部迁移，把大量工厂纷纷迁至哈尔滨和齐齐哈尔两地。在袁宝华的领导下，计划处及时制定了部分工厂搬迁到黑龙江的计划。在当时进行这项工作是非常困难的，许多工厂刚刚恢复生产，马上又要停下来向北搬迁，如沈阳机床一厂、沈阳机床五厂，建设在瓦房店的轴承厂、电表厂、造纸厂、纺织厂，以及大连钢厂等都要进行搬迁。看到这些工厂几经折腾，袁宝华心里很不是滋味。根据战局的发展，计划处也进行了必要的疏散，大部分工作人员和档案都疏散到黑龙江鹤岗等后方，坚持在沈阳工作的人员也从市中心搬到南湖办公。虽然工作条件和环境很不好，但是大家工作干劲和热情却很高。《东北日报》专门刊登了袁宝华与东北工业部计划处全体工作人员给毛主席写的信，大家在信里向毛主席表决心："我们向您保证：我们不但会在和平环境里搞建设，而且决心在任何紧张的环境里把生产建设搞好。我们要做好明年的生产计划，提高工作效率，加强保密工作，更好地学习时事，随时准备为抗美援朝保家卫国的神圣事业而贡献自己的一切。"

计划处同志们夜以继日地投身到紧张繁忙的工作中去。例如有一次中央紧急电令东北工业部在最短的时间内生产出一批铁锹，大家在袁宝华等的带领下，昼夜值班，调度生产，圆满完成了这一备战任务。袁宝华在东北工业部的三年，有近两年是在抗美援朝中过来的。那时候，大家干劲冲天，都是不计时间、不计报酬、不顾疲劳、连续作战，形成了优良的传统和作风。一次，负责搬迁工作的机械局副局长聂春荣由于工作疲劳，一回到局里坐在那里就睡着了，别人把他腰间的小手枪拿走都不知道。东北工业部许多同志后来到国家经济建设的各个部门工作，其中不少做了高级领导干部，大家把这种优良的传统和作风带到了各个地区、各个部门。

进入1951年后，袁宝华又投入编制东北五年计划的工作中。2月，袁宝华与吕东等负责同志到北京参加全国工业会议，会议由时任政务院财经委副主任的李富春主持，周恩来总理、陈云副总理等领导都出席了会议并讲了话。11月，他又到北京参加了全国财经会议。袁宝华利用到北京参加会议的空隙，专程到中央有关部门了解情况，征求中央和其他地区对东北五年计划的意见和建议，补充和完善东北的建设计划。到1952年5月，东北的五年计划已经编制出来，这是我国解放后编制的第一个比较完备的地区发展计划，袁宝华也从这次计划编制中增长了知识、锻炼了才干。

1952年6月，中财委要袁宝华等到北京，参与中财委计划局编制我国第一个五年计划的工作。由于东北地区是当时我国的重工业基地，在全国经济中的地位十分重要，所以东北的五年计划在全国计划中所占的地位也比较突出，需要与全国的计划进行协调。袁宝华做了大量的将东北地区五年计划与全国五年计划进行衔接和协调的工作。到这年8月，经过两个多月的努力，袁宝华等人总算搞出了一个五年计划的初稿。这期间，袁宝华还参与编制了我国地质部门的第一个五年计划。

在新中国经济建设初期，社会主义苏联和东欧各国给了中国巨大的援助。1952 年 8 月至 1953 年 6 月，袁宝华作为随员，参加由周恩来总理任团长、陈云副总理和李富春任副团长的中国政府代表团，赴苏联参加中国第一个五年计划苏联援助项目的谈判。中国代表团阵容豪华：成员是张闻天（中国驻苏联大使）、粟裕（中国人民解放军副总参谋长）；代表团还有一批各方面的负责人做顾问，包括宋劭文、陈郁、王鹤寿、汪道涵、王诤、刘亚楼、罗舜初、邱创成、雷英夫、师哲等；袁宝华与吕东、柴树藩、沈鸿、白杨、齐明、陈平、王世光、钱志道、李苏等则作为代表团的随员。袁宝华最初是作为东北工业部的代表参加代表团的，后来则作为我国整个民用工业项目的代表，参与了与苏方的谈判。临行之前，袁宝华与代表团其他工作人员做了大量准备工作，夜以继日地讨论拟请苏联专家帮助设计的项目，仔细列出设计项目和设计清单，地质勘查资料和清单，专家与设备要求，技术资料等，进一步推敲我们所提出的重工业计划。

1952 年 8 月，作为中国政府代表团随员访问苏联。图为在中国代表团驻地。

苏联方面对中国政府代表团的到来十分重视。代表团抵达苏联时，正逢苏共全力准备召开第十九次党代会，苏方顾不上研究我们提出的第一个五年计划。代表团利用这个空隙，一方面认真准备相关建设工程的材料，另一方面了解和学习苏联的建设经验。大家彼此也全面交流思想感受，并结下了深厚的友谊。周恩来总理在莫斯科时没有与代表团住在一起，但是他经常到大家住的宾馆与代表团成员无拘无束地谈话，袁宝华从中学习到许多东西。9月下旬，周总理和陈云、粟裕及部分顾问、随员回国，袁宝华等人随李富春、宋劭文留下来继续做准备工作。在苏方的安排下，中国代表团在苏联各地参观考察，代表团成员考察了莫斯科、乌拉尔、下塔吉尔、斯大林格勒等地的主要工厂及机器设备，调查了解了苏联的企业管理和生产管理，就经济建设的许多问题与苏联方面专家进行了广泛深入的交谈。在这次参观考察中，每到一个工厂，每到一个车间，每看到一个先进的机器设备，每看到苏联社会主义建设的一个成就，袁宝华等代表团成员都暗下决心，一定要架起我国工业化的脊梁，一定要把我国的工业建设项目搞好，一定要把我国的经济建设搞上去。

在正式谈判之前，代表团还集中了一段时间，学习苏联编制国民经济计划的成功经验，约请苏联国家计委的负责人介绍如何做计划工作。这个建议最早是由苏共中央政治局委员、部长会议副主席兼计划委员会主席萨布罗夫提出的，中国代表团也很赞同。1953年初，用了近一个月的时间，由苏联计划委员会的14位副主席和主要委员来讲课，前后共讲授了20次。讲授内容包括：国民经济计划工作的组织和国民经济计划的平衡方法，工业生产计划，黑色冶金计划，有色冶金计划，燃料工业计划，电力，机器制造，基本建设计划，劳动计划，干部教育及技术人员与工人的分配，人民财政收支计划，商品周转计划，生产费用与周转费用计划，农业计划，财务计划，物资技术供应与物资平衡计划，统计工作，新技术计划等，这些讲座使大家很受教育。虽然苏联的计划也有主观的成分，但是由于他们长期搞经济计划，积累了丰富的经验，对于我国进行经济建设还是具有重要的借鉴价值的。这些都引起我国领导人的重视，周总理特别重视苏联专家提醒中国制定计划的三个问题：一是工业总产值增长的幅度要大于职工人数的增长幅度，这样才能保证劳动生产率的提高；二是劳动生产率提高的幅度要大于工资增长的幅度，这样才能保证国家的积累；三是技术人员人数的增长幅度要大于工人人数的增长幅度，这样才能保证技术水平的提高。其他如，他们提出编制计划要从实际出发，从设备供应的可能出发，从市场需要出发；制定计划必须事先进行调查研究，苏联往往是经过近一年的调查研究，最后再编制出年度计划；计划要留有余地，年度计划最好能在10个月完成，五年计划最好提前一年完成。这些经验对我国后来制定计划，都很有启发，后来我国制定计划时都曾不同程度地学习借鉴过。代表团回国后专门将这些内容整理出来，周总理还要求把这个讲座的内容印发到省委去，让大家都参考和学习。

1953 年 3 月，在莫斯科苏维埃旅馆。左起袁宝华、陈平、王世光、李富春。

援助项目的谈判是在苏共十九大之后开始的。1953 年 3 月 30 日，中苏正式进入关键性的谈判阶段。中国代表团由李富春率领，参加的有宋劭文（时任中财委秘书长兼计划局长）、钱志道（负责军事工业项目）和袁宝华（负责民用工业项目）。苏联方面是米高扬主谈，参加的有卡冈诺维奇、科西钦科、郭威尔。会谈中，中国代表团成员与苏联国家计委人员对每一个援助项目都进行了仔细的分析。袁宝华主要负责重工业援助项目，与苏联方面进行了马拉松式的谈判。谈判所以是马拉松式的，主要是由于我方有关建设项目的资料准备还是不够充分，许多项目要建设，但是缺乏对项目的严格论证。例如，我们提出要建设一批重工业项目，但地质资料却不完备，矿山储量不清楚，这样一来这些建设项目就缺乏说服力。又如，我们提出要修筑一万公里铁路，这是一个宏伟的设想，但是苏方则认为这个铁路建设计划太大，很难实现。因此，在谈判中几乎每过几天就要同国内进行电话联系，请示有关问题，索要有关资料。国内各有关部门也是针对谈判中苏方提出的问题，及时开展调查研究，勘查勘探，不断把最新的资料送给代表团。经过一番艰苦的谈判，主要的援助项目已拟定下来。由李富春与苏联米高扬进行最后一轮谈判，敲定需要援助的项目。谈判地点在苏联贸易部米高扬办公室。这轮谈判前后商谈了三次，基本定下了“协定”的框架。袁宝华作为民用工业的中方代表，参加了李米谈判。

1953年5月1日，中国代表团在红场观礼台上。左起李富春、郭沫若、宋劭文、袁宝华、钱志道、陈平。

中苏谈判就主要援助项目确定下来之后，代表团派宋劭文、钱志道回国向党中央、毛主席汇报，包括新议定的苏联援助中国的91项新设计项目和原来已经确定的50项项目，一共141项；苏联希望从中国进口一些稀有金属（主要是钨、锡、锑、钼、汞）等，中央和毛主席基本同意。1953年5月15日，中苏两国政府代表正式签订了《关于苏维埃社会主义共和国联盟政府援助中华人民共和国政府发展中国国民经济的协定》。这次赴苏谈判确定下来的项目为 141 项，加上此后追加的 15 项项目，就是后来所说的“156 项工程”。5 月下旬，袁宝华等带着装满几十个箱子的大批资料，乘火车回国。一路上，看着窗外飘过的山林大地，他心潮澎湃，难以平静，真切地感到一场轰轰烈烈的建设高潮正在呼唤着他。

从苏联回国后，袁宝华调任中央重工业部钢铁局副局长，主要负责具体落实苏联援建的冶金项目。1953 年下半年，他与钢铁局局长刘彬一道，马不停蹄地把我国原有的钢铁工业基地考察了一遍，先后到了太原、包头、龙烟铁矿、鞍钢、本溪、抚顺等地，袁宝华又考察了重庆、昆明、武汉、马鞍山、上海等地。一方面是了解情况，为援建项目做前期准备；另一方面是与当地政府一道，为援建项目配备领导班子。在包头，刘彬、袁宝华与内蒙古自治区和华北局的领导人商议，调曾任本溪钢铁公司经理的杨维担任包钢建设筹备处主任。在龙烟铁矿，决定调矿长贾亚夫筹备恢复宣化炼铁厂。在武汉，为武汉钢铁公司选择厂址、配备班子作调查。在 50 年代，各地都大力支持“156 项工程”，无论是选厂址、要设备，还是调人员、配班子，几乎都能得到各地方、各部门的全力支援，很少发生扯皮的事情。这年国庆节，他参加了在天安门广场举行的庆祝典礼，情不自禁地写下这样的诗句：

天安门前气象新，万众伫立仰北辰。
百战雄师跃马过，一时俊秀皆登临。
赤帜如云载歌舞，壮列犹龙奋斯文。
每念涓滴成大海，此生低首拜哲人。

1953年9月，到龙烟铁矿调查研究。前左二马万水、左三刘彬、左四袁宝华。

1954年初，苏联设计组来华，袁宝华全程陪同设计组，一起为重工业特别是钢铁工业的设计和建设马不停蹄、昼夜奔波。当时钢铁方面的主要设计任务，就是设计鞍山钢铁公司三大工程和包头钢铁公司、武汉钢铁公司，此外还有热河大庙铁矿、吉林铁合金厂等。袁宝华把当时主要的工作精力都放在武钢和包钢的厂址选择和设计上。负责武钢设计方案的苏联专家选定了武汉青山区作为厂址，这样就与也选择在青山建设的第二汽车制造厂项目发生了冲突，两个项目的苏方专家各不相让，袁宝华多次协调都未能使双方让步。最后，袁宝华只得找到时任中南局副书记、湖北省委书记并兼任二汽筹备委员会主任的李先念，请他出面协调，先念听了袁宝华的汇报，仔细权衡，最后顾全大局，决定把厂址让给武汉钢铁公司。这一决策使武汉钢铁公司迅速建成投产，但也使二汽的建设拖了许多年。包钢厂址的选择也使袁宝华费了很多心血，他亲自登上昆都仑山实地考察，分析利弊，最后确定钢厂建在昆都仑河的西岸。那个时候上昆都仑山，考察人员都必须手拿木棒，因为随时都有可能遭到野狼攻击。围绕大庙铁矿和锦州女儿河铁合金厂的建设，袁宝华也专程赶去考察厂址，筹组班子，热河省和辽宁省的全力支持使这个项目得以顺利进行。随后，袁宝华又赶赴吉林，选定了吉林铁合金厂的厂址。为落实这些项目，他匆匆忙忙奔波了大半年。

这一年的 3 月中旬，袁宝华还陪同苏联贸易部第一副部长卡维尔，乘飞机到包头、兰州、武汉、西安、洛阳、太原、合肥、南京、上海等地，对苏联援助的主要项目又一次进行了仔细的考察。

1954 年 9 月，袁宝华由重工业部钢铁局调至基本建设局担任局长。由于“156 项工程”中重工业项目比较多，因此重工业部专门成立基建局，主要承担基本建设甲方工作。另成立建筑局，是基本建设的施工方即乙方。这样一来，袁宝华的担子更重了，必须把重工业部分的项目都管起来，主要包括钢铁、有色、化工、建材四大部分。所管辖的项目也大大增加，如太原化工厂、吉林化肥厂、白银有色金属公司、株洲硬质合金厂、哈尔滨铝加工厂、吉林碳素厂、抚顺铝厂等等。基建局由于刚刚组建，工作千头万绪，每一项工作都关系着援建项目的进度和质量，袁宝华全身心地投入到这项工作中，不敢有丝毫懈怠，不允许有任何差错。

在袁宝华的领导下，基建局的工作开展得井井有条、有声有色。特别是对于所承担的重大项目的工作，逐步形成了一套有效的管理办法。首先是严格抓项目的勘察设计环节。项目建设最主要的就是要有设计方案，为此专门成立了若干设计院。当时由于我们自己的设计队伍薄弱，很难适应大规模建设的需要，所以重工业部集中力量成立了冶金、化工、建材等设计院，负责建设项目的设计。这就大大提高了建设速度和质量。其次是加强项目的沟通和汇报。每一个建设项目设计方案确定后，基建局都给中央写一份项目设计报告。这是袁宝华在东北工业部做计划工作时，探索出来的一种有效的工作方法，即每一个大设计项目确定后，都给中央写一个报告，使中央了解项目情况，做到心中有数。第三是发挥国内外两个积极性确保设备供应。重工业建设项目，需要国内外大量的设备供应，但是苏方通常不愿向我们提供成套设备，要求我们自己配合生产一部分配套设备。可是由于我国工业基础落后，很难为这些重工业项目提供配套设备，最后还得大量从苏联成套进口。如何很好地发挥国内外的积极性，确保设备供应，是当时难度最大的工作。为这些重工业项目的设计、施工和设备供应，袁宝华整整忙了两年多。

1955 年，袁宝华兼任重工业部办公厅主任，仍主要负责基建工作。1956 年初，党中央号召干部要学理论、学哲学，袁宝华到中央党校学习了近三个月。这次学习，使袁宝华收获很大。1940 年，袁宝华在中央党校学习过，经过 15 年后，又到中央党校学习，感到很亲切。由于长期忙于工作，一直没有机会系统地学习，袁宝华抓紧这次机会，阅读了许多理论著作，进一步丰富了自己的头脑。4 月，重工业部撤销后，袁宝华进入新成立的冶金部，继续担任办公厅主任，并负责冶金部所属的“156 项工程”项目的落实和管理，但这时冶金部所管辖的项目数和范围已经小了很多。

到 1956 年底，大部分苏联援建的重工业项目已经初步建成，这些项目在我国经济发展中发挥了十分重要的作用。在这些项目中，也浸透了袁宝华的心血和汗水。

第六章

「大跃进」和调整时期的艰苦工作

我国重工业特别是冶金工业的基础非常薄弱，经过“一五”时期的重点建设，冶金工业取得了飞速的发展，钢产量从1949年的16万吨增加到1956年的447万吨。中共八大通过的“二五”计划建议提出，到1962年我国钢产量达到1 050万～1 200万吨，这个指标经过努力是可以达到的。为此，冶金部提出“三五”计划时期要集中力量建设好“三大五中十八小”这些钢铁企业，为整个国家大规模的经济建设奠定基础。为实现冶金工业的健康发展，就必须克服冶金工业中存在的薄弱环节。1957年3月，时任冶金部部长助理的袁宝华在《冶金报》上撰文，就当时突出影响钢铁工业生产的薄弱环节，如原料生产部门和企业的辅助部门等存在的问题，提出要做好计划平衡工作；要狠抓增产节约，增加后备力量；要针对薄弱环节，及时采取措施，并加强对薄弱环节的领导。应该说，如果没有后来发生的“大跃进”的挫折，冶金工业的发展趋势是很好的。

“大跃进”是我国经济建设中一场有可能避免的不该发生的悲剧，但是当时的国内外环境却促成了这一悲剧的发生：首先是苏联提出了赶上和超过美国的战略，开展了社会主义阵营与资本主义阵营的竞赛；其次是中共领导人提出了赶上和超过英国的战略，急于求成的急躁冒进思想逐渐成为主导思潮。当时在冶金战线工作的人们，都希望中国的钢铁工业能够发展得更快一些，对于毛主席和党中央高度重视钢铁工业，都感到十分兴奋。但当时出现的钢铁工业一马当先、指标越来越高的局面，大大超出了袁宝华的预想。多年以后，袁宝华回忆道：我们这些人做梦都想把钢铁工业搞上去，认为“大跃进”为大办钢铁提供了一个极好的机会，只要中央重视和支持，钢铁工业一定能很快地发展，因此，对于钢铁工业的高指标，我们基本上是赞成和接受的。

为了实现毛主席1957年在莫斯科提出的中国要用15年左右的时间赶上或超过英国的宏伟目标，1958年我国的钢产量指标被不断刷新，到1958年6月，这一指标已升至1 070万吨，比1957年的产量翻了一番。8月北戴河政治局扩大会议上决定把1 070万吨的目标公布，并要求各地党委第一书记挂帅，直接指挥钢铁生产，由此掀起了全民大炼钢铁的运动。对这样高的指标，毛主席和陈云等中央领导感到并不踏实，袁宝华的心中也不托底。北戴河会议期间，毛主席把各经济部门的负责人召集在一起，召开了一个座谈会。毛主席问大家对实现1 070万吨的看法，大家都说没有问题，可以实现。当问到袁宝华时，他也只得说：只要大家都能够向钢铁工业战线上的十面红旗看齐，完成钢铁任务是可以做到的。这次座谈会后，毛主席要陈云找王鹤寿、袁宝华等人，进一步详细了解钢铁工业的情况。在人们头脑普遍发热的背景下，包括袁宝华在内的冶金部领导都感到骑虎难下，进退两难，只得硬着头皮撑下去。面对冶金工业这种盲目大干快上的形势，袁宝华尽自己的力量，力图最大限度地减小损失。他在这一年5月在《冶金报》上发表了题为《勤俭办企业，多快好省地建设社会主义》的文章，提出要坚持思想领先的领导方法，教育职工群众，克服困难；要走群众路线，依靠群众，办好企业；倡导要干群结合、劳技结合，要发扬艰苦奋斗的精神，节约资金，精打细算，自力更生，刻苦钻研。7月又在《冶金报》上发表了《抓重点 抓两头》的社论，要求抓住重点，抓住钢铁工业的两头——矿山和轧钢，配合炼铁和炼钢生产的需要，提出建设矿山、建设轧钢与建设炼铁、炼钢一样，需要有统一的规划和安排。但后来的“大跃进”发展的形势已不可能遵循这些要求了。

1958年生产1 070万吨钢的指标，严重脱离了当时我国的国情和钢铁工业生产实际，在正常的生产条件下完成这个高指标是不可能的。全国的钢产量1—8月仅为400万吨，还不到年计划的一半。这种局面使整个冶金部都坐不住了，这一年的下半年，袁宝华穿梭于北京与东北之间，异常繁忙。他带队深入到东三省大大小小的炼钢厂，逐个了解那里小高炉、小转炉的情况，发现问题及时解决；他四次赶赴我国最大的钢铁企业——鞍山钢铁公司现场督战，与鞍钢的干部、职工和技术人员日夜奋战在炼钢第一线。那时鞍钢的设计生产能力为年产钢600万吨，实际年产钢不过300万～400万吨，在这种情况下要求鞍钢生产600万吨钢，只能是凑数字。鞍钢只能采取“大风高温，多装快炼”的办法，这在技术上是行不通的，这样炼出来的钢的质量很难有保障。这一段时间里，袁宝华的心情可以说是十分复杂，他曾在诗中吟道："大道易奔驰，曲径惕覆倾。冶炼无日夜，炉火正熊熊。"

在大炼钢铁的那些日子里，袁宝华心中的疑虑与日俱增。当他看到一些地方建起许多小土炉炼铁，大量砍树，心中真不是滋味，这一天要砍多少树啊！12 月，他参加了武昌会议。为落实 1959 年钢铁生产计划首先需要调集矿石，但当时不少省市抵制调出矿石。最后，只得由薄一波副总理召集调出矿石省市领导开会，袁宝华在会上宣读了各省市调出矿石计划，薄一波说：今天不讨论了，这就是任务，大家把任务带回去执行，随即宣布散会。可见矿石紧张的程度。实际上这些省市也很困难，从哪里能调出这么多矿石呀！正在这时，得知鞍钢的领导突发奇想，认为破除规章制度才能解放生产力，提出要像烧地主的地契一样把所有的规章制度全部烧掉，王鹤寿立即让袁宝华赶往鞍钢制止这种做法。这哪里是大发展，这分明是大破坏啊！各地都出现了不少类似这种的荒唐事件。如此拼命地大干，到 1958 年底我国的钢产量也才 1 108 万吨，而实际上合格的钢不过 800 万吨。与此同时，却使国民经济特别是农业生产付出了沉重的代价。

面对"小、土、群"存在的问题，当时担任国务院副总理的邓小平提出应多搞"小、洋、群"和"中、洋、群"。1959 年 1 月，中央在省、市、自治区工业书记会议上提出对"小、土、群"实行"五定"（定点、定型、定组、定员、定领导）工作。

在武昌会议上，毛主席也提出了“压缩空气”的号召。这一年本应在前一年遍地开花的基础上对小钢铁进行规划布局，改善生产条件，提高钢铁质量。但是，人们实际上仍没有摆脱对高指标的迷恋，这一年的钢产量仍定为1 800万～2 000万吨。为完成这样的高指标，当时已经担任冶金部副部长的袁宝华，相继主持了在济南召开的全国提高生铁质量会议、在邯郸和烟台召开的两次矿山会议。那时在冶金部机关里见不到几个人，大家都下去督战了。看到钢铁工业战线干部、职工和技术人员发疯似的拼命干，眼睛熬得红肿，袁宝华实在是为他们担心，一直这样干下去可怎么行！5月，陈云主持财经小组会议，专门研究钢铁指标问题，袁宝华参加了会议，并就冶金企业情况和矿石、焦化、耐火材料、炼钢、轧钢等情况分六次向中央财经小组作了详细的汇报。陈云指出，与其把脖子吊起来搞1 800万、1 650万，不如脚踏实地搞1 300万。为此，陈云向中央政治局和毛主席写了报告，经研究把1959年钢的指标压至1 300万吨。在当时那种形势下，这样做需要多么大的勇气啊！陈云这种实事求是的作风，给袁宝华留下了极为深刻的印象。同时，中央开始纠“左”的决心，也使袁宝华对经济形势好转充满信心。

1959年7、8月在庐山召开的中央政治局扩大会议和八届八中全会，打乱了原有的部署，由纠“左”转而开始批判彭德怀等的所谓右倾机会主义，结果造成了国民经济更大的破坏。7月下旬，周总理电话通知袁宝华与安志文上庐山汇报生产和分配情况。26日上庐山，当天晚上，周总理就找袁宝华和安志文谈话，打了招呼，交了底。袁宝华明显地感到会议的气氛十分严峻，会议的主题已转向批判右倾机会主义。一些人已把五六月间陈云等提出的降低过高指标的意见，指责为“由于右倾机会主义分子兴风作浪而造成的小小马鞍型”，袁宝华放下的心又提了起来。从27日开始，袁宝华等连续三天向周恩来、李富春、薄一波等中央和国务院领导汇报全国钢铁和钢材的生产和分配情况。

开展反右倾机会主义运动，把一批对“大跃进”、高指标有不同意见的人都批判了，特别是当时国家计委和经委的负责人，这又一次助长了追求高指标的倾向。1960年钢的指标仍然定为1 840万吨。这一年钢铁生产形势异常困难，一方面是钢铁企业由于前两年连续突击生产造成设备失修、管理混乱；另一方面是把过去的底子都折腾光了，连国有储备局的战略储备都已告急；而最主要的还是导致了国民经济比例关系严重失调。这年年初，袁宝华在烟台主持召开全国小矿山会议，组织冶金企业的干部和工程技术人员研究总结祥山铁矿经验，提高经济效益和产品质量。但整个冶金工业生产形势很不乐观。袁宝华在部里分工负责煤、铁、矿、运四大生产环节，在当时的背景下，几乎没有一个环节是正常的，各个环节都已经被“大跃进”的高指标绷得紧紧的，十分紧张，处处告急。在2月冶金部召开的评比大会上，袁宝华在题为《把技术革新和技术革命运动推向新阶段》的总结讲话中提出，要开展以机械化和半机械化为中心的技术革命和技术革新的群众运动，加快矿山的建设和技术改造，提高钢铁质量，增加品种，开展资源的综合利用，挖掘设备潜力。这都是想缓解冶金工业生产的困难。3月8日，国家经委召开有冶金部、煤炭部、铁道部参加的紧急会议，袁宝华通报了全国85个重点钢铁厂当月库存焦煤已不足7天使用的情况。5月，袁宝华到四川的钢铁企业调查研究，看到许多企业已十分困难，但地方追求高指标的盲目热情依然不减，心中十分焦急。

7月，苏联政府单方面撕毁合同，撤回在华专家，这种突如其来的毁约行为给我国经济建设造成极大困难。党中央号召全国广大干部和群众自力更生、艰苦奋斗，努力完成国家计划。李富春副总理在中央书记处讨论时提出要“反右倾、鼓干劲、抓措施、促生产、保计划”。当时，全国上下都憋着一口气，坚决要把生产搞上去。8月，党中央发出开展以保钢保粮为中心的增产节约运动，把完成钢铁和粮食指标作为政治任务。8～9月，袁宝华到华东蹲点，其任务就是坐镇上海督战，就地调度物资，确保上海生产。他亲身体会到上海钢铁企业和上海市领导面临的困难。那时，上海市领导天天找袁宝华要煤，企业生产和人民生活都缺煤啊！袁宝华想方设法进行调度，全力保障上海需要。他知道，上海是我国最大的工业城市，这里决不能出事。他从上海又到了浙江和福建。在福建，他深入到一个铁矿，看到有不少矿工都患上了浮肿病，心里十分难受，深深感到长此下去实在是不行了。这一年为了确保钢产量的高指标，中央和地方采取了一切可以采取的措施，10月中央书记处召开会议，这是袁宝华第一次参加书记处会议，周总理在会上作了动员，并对有关部门负责人互相推诿、互相指责的做法进行了严厉的批评。10月中旬，中央决定成立以谷牧为首的联合指挥部，袁宝华也参与其中，每星期都要开两三次会，就是专门解决全国工业生产的困难，哪个地方缺粮，赶紧调集粮食支援，哪个地方缺煤，又赶紧调集煤炭支援，整日忙得昏头昏脑，到处去补窟窿，去救火，但是生产还是困难重重。经过紧张的努力，1960年钢产量为1 866万吨，虽然完成了第一本账的计划指标，但是也造成了更大的比例失调。

这一年，袁宝华的工作发生了很大改变。5月，他在四川进行企业调查研究时，正好遇到国家主席刘少奇带领薛暮桥等人在重庆审阅关于物资统一管理的文件。薛暮桥特意请袁宝华对这个文件提提修改意见，袁宝华从冶金部和自己工作经验的角度，对文件提出了一些重要的修改意见。6月18日，中央调袁宝华担任国家经委副主任兼物资总局第一副局长，同时继续抓钢铁工业。后来袁宝华才知道，调他去国家经委是李富春副总理极力推荐的。国家经委是当时负责国民经济宏观运行的重要部门，这里云集了我国最优秀的一批高级经济管理人员，薄一波副总理兼经委主任，经委许多领导都是经验丰富的经济管理专家。袁宝华在王鹤寿领导下工作了20年，从冶金部调到国家经委工作，冶金部部长王鹤寿是舍不得的，袁宝华也有顾虑，但是他完全服从党的工作安排，并快速实现了工作角色的转换。

袁宝华在经委除了协助孙志远分管物资工作之外，还分管经委冶金局并联系冶金部，负责抓钢铁生产，还用了很大精力搞钢铁工业的生产物资供应。1960 年下半年，虽然钢指标下调到 1 600 万吨，但要完成这个指标仍然是相当艰巨的。国家经委和各部门领导同志纷纷下去，分兵把口，了解情况，全面督战，解决问题。

1960 年 9 月，到新安江水库调查研究。

面对严重的经济困难，党中央和毛主席已经感到了“大跃进”造成的工作被动，思考着要对国民经济进行调整。1960 年 12 月和 1961 年 1 月，相继召开了中央工作会议和中共八届九中全会。这两次会议的中心议题之一，就是要对国民经济进行调整，特别是九中全会决定从 1961 年起，对整个国民经济实行“调整、巩固、充实、提高”的八字方针。毛主席在会中提出要大兴调查研究之风，一切从实际出发，要使 1961 年成为实事求是年。他在 3 月广州召开的中央工作会议上再次强调要情况明、决心大、方法对，我们的问题是情况不明、决心不大、方法不对。这些标志着毛主席和党中央决心纠正"大跃进"的错误，回到实事求是的路线上来，这实际上为此后的三年调整作了思想准备。

1961年，毛主席、刘少奇、周恩来等中央领导带头下去做调查研究。根据周恩来总理的部署，国务院各部委领导也开始走下去进行调查研究。周总理指定袁宝华率领一个工作组到钢厂和矿山调查研究，这样薄一波就与袁宝华商量，选择鞍钢和弓长岭铁矿进行调查研究。这一年的四五月间和七八月间，袁宝华分别带领两个工作组到弓长岭和鞍钢进行调查研究。那时正值"大跃进"之后，矿山和鞍钢的生活供应非常困难，工作组基本上吃不到青菜，一天三顿吃干菜，脸都浮肿了。

弓长岭是个老矿，主要是供应鞍钢平炉富矿的基地，对鞍钢的生产关系极大。在"大跃进"期间，弓长岭的生产秩序和设备都受到了很大的冲击，生产情况很不正常，用当时职工群众的话讲是"上级压下级，干部压工人，工人压机器，机器生了气"，突出的问题是干群失和、设备失修、采掘失调。袁宝华率工作组在弓长岭调查了一个多月，与广大干部、职工进行了广泛的接触和交流。他们深入到井下采掘组，走访职工家庭，与矿工们同吃、同住、同劳动。亲眼所见的是经过三年苦战的工人群众，在生活和工作条件都十分艰苦的情况下，仍然克服困难、坚守岗位的情景。经过一个多月的深入调查，5月20日，袁宝华主持拟订了题为《对改进弓长岭矿山工作的意见》的调查报告，上报中央。这份报告针对"大跃进"中受到严重冲击的弓长岭矿山存在的问题，从七个方面提出了整顿的建议。这些建议虽然是从弓长岭矿山的实际出发提出来的，但它对许多在“大跃进”中遭受同样冲击的企业来说，确实是具有重要参考价值的。《意见》提出：一、坚持中型机械化的开采应是弓长岭铁矿的基本方针。坚持这一方针，必须改变干部中贪大图新的思想，建立多项生产技术管理制度，加强多个环节的工作。二、稳定和充实矿山基层干部，提高他们的政治水平和组织机械化生产业务水平，要抽调政治强、懂技术、有组织能力的知识分子充实领导班子或担当一部分具体工作，帮助老工人出身的干部提高管理水平。要保证基层干部有足够的时间在自己的岗位上研究和处理本企业问题，有足够的时间学政治、学业务、学技术。三、要给矿山基层党支部书记更多一点时间抓思想政治工作，有计划地举办党训班，轮训干部和党员，结合具体事例，全面地、系统地进行党的基础知识的教育。四、进一步做好设备维护管理工作，广泛开展爱护设备工具的群众运动，把设备的维护保养提到首要地位。要按操作规程办事，认真检查和克服乱干、蛮干现象，建立健全各种规章制度，认真贯彻责任制，特别是岗位责任制。五、认真执行规章制度，当前的问题主要是对已有的操作规章制度的贯彻执行，开展群众性的技术监督。六、适当解决工人的升级问题，奖金分配要克服平均主义，奖励条件要具体，经济指标要全面，使奖励制度起到促进生产的积极作用。七、进一步安排职工生活，加强对集体宿舍的管理，改善单身工人的居住条件，火炕要热，增添报纸、杂志和必要的文娱用品。改善食堂管理工作，提高饭菜质量，保证热菜热饭，给足分量，商业部门应增设商业供应点。搞好卫生，增强工人身心健康。这些意见和建议，为此后开始的企业调整和整顿积累了重要的经验。

在5月中央工作会议上，陈云、李富春等提出要退够站稳，按比例前进。在当时，敢说“退”不容易。企业究竟怎样才能退够站稳？企业究竟存在哪些困难？在企业中如何落实调整工作的部署？这成为国家经委当时的工作重点。为了实际了解企业的困难和在企业中如何落实调整政策，从7月21日到8月28日，袁宝华又率领一个工作组到鞍钢进行调查研究。鞍钢是“大跃进”中的重灾户，由于高指标的压力，鞍钢被迫走上了“大风高温、多装快炼”的不顾实际可能的路子，打了两年乱仗，鞍钢受的损失相当巨大。在调查报告中，袁宝华明确指出，鞍钢存在四条短腿：一是矿山，二是耐火材料焦化等辅助部门，三是机械维修，四是运输包括厂内运输。这些短腿严重阻碍着鞍钢的生产和发展，也是鞍钢进行调整的主要工作内容，因此，提出了鞍钢整顿的“填平补齐”方案。这对鞍钢较快地从严重的困难中走出来，起了重要的作用。几十年后，袁宝华无限感慨地说，那次对国民经济的调整是伤筋动骨的调整，可不是“软着陆”，而是“硬着陆”啊！如果没有这一番调查研究，就不能够下决心进行国民经济的调整；没有这一番调查研究，也就拿不出切合实际地、有效地调整国民经济的措施来。特别是经过这一番调查研究，大家认真地总结了“大跃进”的经验教训，在对待调整工作上思想逐渐统一了。

1962年初，为确保整顿工作顺利进行，中央决定成立由薄一波任组长、谷牧和袁宝华任副组长的全国清仓领导小组，号召全国各行各业开展物资大检查，为克服经济困难而努力。袁宝华还参加了扩大的中央工作会议（即“七千人大会”），这次大会是国民经济调整的动员会。在这次会上，毛主席和中央负责同志主动承担责任，开展批评与自我批评，大家十分感动。袁宝华所在的工业组讨论时，大家畅所欲言，认真地总结了三年“大跃进”的深刻教训。袁宝华对整顿工作和我国经济发展的规律有了更深的认识，对我国经济的未来充满了信心。

2月和3月，袁宝华参加了彭真主持召开的三次矿山工作汇报会。2月下旬，参加了刘少奇主持召开的中央政治局扩大会议（即“西楼会议”）和陈云等主持召开的国务院扩大会议，聆听了中央领导同志对形势的分析，特别是陈云所作的《关于目前财政经济的情况和克服困难的若干办法》的报告。这些分析和报告对提高大家调整国民经济的认识和决心很有意义。

第七章 在物资管理的岗位上

我国的物资管理工作是在建国后逐步建立起来的。如何建立一套有利于国民经济发展的物资流通与管理制度，一直是中央领导同志关心的问题。60 年代初期，我国物资管理体制发生了一次重大变革。在刘少奇的直接指导下，袁宝华具体组织实施了这一次改革。这不仅为我国经济战线落实“八字方针”，尽快从严重的经济困难中走出来做出了巨大贡献；而且也为我国物资流通的改革，为物资流通产业的发展，积累了丰富的经验。

1960 年 5 月 18 日，中央批转了国家经委党组《关于加强物资管理工作和建立物资管理机构的请示报告》，成立经委物资管理总局，经委第一副主任孙志远任局长，袁宝华调任国家经委副主任兼物资管理总局第一副局长，任副局长的还有周建南、刘淇生。袁宝华虽然是经委物资总局第一副局长，但实际上是第一负责人。他到任后面临的就是“大跃进”所造成的物资流通渠道十分混乱的局面。在“大跃进”中，为了配合企业下放，物资计划管理也改为“在全国统一计划下的，以地区管理和地区平衡为主的物资调拨制度”，这就打乱了原有的物资分配渠道和协作关系，破坏了正常的物资供应，同时急剧膨胀的需求导致物资供应全面紧张，在许多地方都出现了催货和采购人员满天飞的状况。据调查，1959 年底，上海除常驻的采购人员外，每天到上海催货、采购的人员就达 2 万多。

《关于加强物资管理工作和建立物资管理机构的请示报告》是我国物资管理工作历史上具有重要意义的第一个“5·18”文件。这个报告的主要内容为：一是确立了物资供应工作的方针，即必须从生产出发，为各厂矿的生产服务，起组织生产和促进生产的作用；二是进一步加强物资管理工作，迅速建立各级物资管理机构和物资供应网；三是在物资管理上，实行统一领导下的分级管理原则，统一组织和管理生产资料的收购、供应和调度工作。报告提出国家经委内设立物资管理总局，其任务是组织执行物资分配计划。按照国家计划，对全国生产资料的收购、供应和调度工作实行统一组织和管理。同时，为了贯彻执行上述物资供应工作的方针，中央决定各生产部门的销售业务（包括企业的销售业务）和经营销售业务的组织机构、人员（包括销售司（局）、销售办事处仓库、企业的销售机构、人员和仓库等）一并移交国家经委物资管理总局统一领导和管理。各省、市、自治区也必须迅速地把物资厅（局）和专区、县的物资局（处）建立或者健全起来，以便更好地开展物资管理工作。争取在两三年内使新的物资管理制度逐步趋于完善，并总结出一套适合我国国民经济持续发展的物资管理工作办法来。这一系列措施的实施对国家集中统一管理物资起到了重要的作用，物资管理体制因此发生了深刻的变革。所以说，经委物资管理总局的成立，标志着我国物资管理体制改革的开始。

在我国经济建设中，“物资”指的是什么？物资工作有什么样的地位和作用呢？实际上“物资”本义就是指物质资料，包括生产资料和生活资料。但是在我国的经济工作中，“物资”是长期以来形成的一个特定范畴，它主要是指由工业生产提供的用于社会再生产的生产资料产品，如生铁、钢材、原煤、燃料油、有色金属材料及制品、木材、水泥等建筑材料和机器电机产品等。工业品生产资料直接影响着社会扩大再生产的规模和速度，是国民经济计划平衡的主要内容。物资工作也就是工业品生产资料流通的组织和管理工作。

我国由于受苏联经济理论和经济模式的影响，长期以来一直否认生产资料是商品，特别是在工业生产中实行的是以行政手段为主的纵向管理体制和产品统一调拨的分配方式。这种方式一方面使生产部门缺乏必要的经营自主权和独立核算权；另一方面这种行政手段也无法及时预测复杂的市场变化，造成物资积压和物资短缺并存，采购人员满天飞。“大跃进”中的高指标、瞎指挥和权力下放，更加重了这种物资的混乱。对物资管理体制进行改革，是经济调整的重要内容。

为此，经委物资管理总局积极开展工作，由各级物资部门对生产资料的收购、供应、调度以及物资仓库，实行统一组织管理。为了实行统一管理，决定把各工业部门的产品销售业务连同其机构、人员交由物资部门管理，形成一个统一的“总后勤部”；各工业部门的供应机构，作为各部门的“后勤部”仍归各部管理。到 1960 年底，物资总局已接管了各生产部门的销售业务、机构和仓库，并在各部销售办事处的基础上建立了 61 个一级供应站，全国各级物资管理机构也陆续建立起来，各省、市、自治区的物资厅（局）还建立了一批二级供应站。

1961 年初，袁宝华接替调任三机部部长的孙志远担任经委物资总局局长。为继续纠正“大跃进”中权力下放过多的问题，袁宝华与大家一起积极探索。1 月 20 日，中央作出了《调整管理体制的若干暂行规定》，决定将“中央各部直属企业的行政、管理、生产指挥、物资调度、干部安排的权力统归中央主管部”。对于这一调整，相当一部分工业部门意见较大。在这种情况下，中央对物资统一管理的调整又作了让步，将各部在移交销售机构时一并移交的供应机构、人员，以及煤炭、石油、化工、建材、轻工和火工产品（指民用的各类爆破器材）的销售机构、人员（包括一级站的人员），交回主管部管理。

1962 年初，中共中央、国务院针对“大跃进”中出现的高指标、瞎指挥、物资分散、渠道混乱、调度不灵、流通不畅、供需矛盾突出的状况，决心进一步改革物资管理体制。特别是刘少奇花了很大精力来抓物资管理的改革，从理论和实践两个方面为物资管理工作的建设打下了基础。3 月 8 日，刘少奇找国家经委副主任谷牧和袁宝华到他的住所去，共同讨论我国的物资管理体制问题。从这时到 1965 年，刘少奇先后八次同袁宝华和物资部门的负责人谈话，就我国物资管理改革发表重要谈话。刘少奇每一次找袁宝华等人谈物资工作，都事先作了充分准备，绝不是泛泛而谈。刘少奇对物资部门的性质、任务、工作内容、工作方法，以及在物资管理具体改革中要注意些什么问题，都进行了全面的论述。他关于物资管理的主要指导思想是：第一，物资部门是先行部门，不是后勤部门。国家的计划工作，必须建立在物资基础上，要有物资作保证，不掌握物资，计划是空的，物资安排要留有余地。第二，物资部门是综合部门，要有全面观点。国家对物资管理必须是全面管理，集中统一管理。第三，物资部门要管三类物资。计划内的物资包括国家统一分配和各部门分配管理的物资，如钢、铁、煤、木等有人管，也比较好管。计划中没有列、没有人管、没有人注意的物资，生产急需，却没有人管，要认真管起来，把它管好。第四，销售业务和机构应由物资部门统一管理起来。国家统一销售才能广泛掌握物资。第五，各部门的物资仓库应该逐步地由国家物资部门统一管起来。第六，物资机构需要加强。行政管理机构可短小精悍，经营机构要充实加强。物资总局对各省、市物资厅（局）应该是垂直领导，这样才能调动物资。总局要成立各种全国性的总公司，还要设立很多分公司。第七，物资管理工作，已经到了必须集中统一的时候了。不掌握物资，计划经济就没有保证。现在实行统一管理的条件很好。反对分散主义，强调集中统一，生产上需要；物资部门统一管理较为合理，有办法、有物资、资源丰富，比分散管理路子宽广。他还讲到，实行物资统一管理，一定会遇到抵抗，要准备进行斗争，要采取一些有效措施，如清仓核资，摸清家底，建立制度；中央派检查组进行检查，发现隐瞒不报或以多报少，要批评，甚至要予以纪律、法律处分；物资部门要进行监督检查。对于最重要的物资绝对要统一管理，任何人不许随便动用，要下死命令执行。

刘少奇还直接组织和领导调查组进行大量的调查研究工作。他指派中央办公厅相关负责人到无锡、石家庄两个地区对物资工作进行典型调查，这两个组都由他亲自掌握，直接向他汇报。正是在党中央和刘少奇的直接领导下，全面加强和改革物资管理工作出现了一个新的高潮。可以说，从 1962 年到 1964 年期间，是物资工作蓬勃开展的时期。

在刘少奇的指导和关怀下，袁宝华与物资总局的干部总结了几年来物资管理体制改革的经验和问题，拟订了改进物资管理工作的方案，并在大区经委主任会议上进行了讨论。1962 年 5 月 18 日，中央批准了国家经委党组《关于大区经委主任会议的报告》和《关于在物资工作上贯彻执行集中统一方针，实行全面管理的初步方案》。这两个文件作为我国物资管理工作历史上的第二个“5·18”文件，对我国物资管理体制提出了明确的目标和任务，主要内容有：一是改变各个部门分别管理产品销售、各自组织物资供应的办法，由国家物资管理系统，在集中统一的领导下，分级负责地统一组织物资供销工作。二是改变只管统配、部管物资的办法，实行全面管理各类物资的办法。不仅要管好一、二类物资，而且要管好三类物资。三是改变中转仓库由生产部门各自设立、分散管理的做法，逐步地由物资部门实行统一管理。四是整编分散在各部门、各企业的物资队伍，组成一支服从统一计划、统一指挥、统一纪律的队伍。五是改变多数部门各自有一套供应系统，各部门和各地区在全国各地都有一套办事机构的状况，建立全国统一的，从中央到省、市、自治区以至省辖市垂直领导的物资管理系统和业务经营网。《关于在物资工作上贯彻执行集中统一方针，实行全面管理的初步方案》思想明确，要求具体，措施有力，成为其后20年间物资管理和物资产业建设的一个纲领性文件。

在这次物资管理体制改革中，1962年5月底召开的第一次全国物资工作会议具有十分重要的意义。5月30日，袁宝华在开幕式上对这一次改革做了精辟的分析。他指出，在过去两年克服经济困难与调整的过程中，物资部门做了大量工作，对物资管理体制进行了大改革、大调整，积极贯彻了农、轻、重的方针，千方百计地组织了国家分配计划的执行，组织了全国范围的清仓查库工作，并进行了大量的调查研究。实行这次改革，就是因为“大跃进”以来物资工作存在着的“说不准”，空头支票上下都开，物资情况说不准；“抓不住”，物资分散，根本难以调动；“转不动”，机动物资太少，转不开，“一文钱逼死英雄汉”；“管不了”，只顾要物资，根本顾不上管；“拿不起”，物资部门力量薄弱，国家委托的任务拿不起；“放不下”，上百万人满天飞，但物资积压浪费却很严重。正因为如此，物资工作必须集中统一、全面管理。中央抓财政统一、信贷统一、物资统一，就是用这三个统一作为武器，来加速国民经济的调整。因此，这次物资管理体制改革的基本指导思想就是：全面管理生产资料，统一管理供销业务，集中管理中转仓库，建立全国统一的物资管理系统和业务经营网。在6月14日的闭幕会议上，袁宝华对物资管理改革的具体要求，提出了五个目标和八项工作。五个目标包括：一是对生产资料实行全面管理；二是对供销业务实行统一管理；三是对各部中转仓库实行集中管理；四是建立起全国垂直系统的物资管理机构和业务经营网；五是建立起一套切实可行的物资管理和经营制度。通过以上目标的具体实现，做到灵活调度物资，及时保证生产建设的需要。他还布置了 1962 年应着手进行的八项工作。在这次会议上，还制订了三年的工作计划和方案。会议期间，刘少奇和副总理李先念接见了出席会议的代表并发表了重要讲话。

回想这几年走过的道路和出现的困难，面对艰巨的调整任务，袁宝华不禁吟道：

秋风乍起，碧海几万里。
雪浪飞掩帆影，激峭岸，湿罗衣。

绿树芳草地，萧萧洒疏雨。
耿耿秋情欲动，问燕燕，几时归？

1963 年 1 月 23 日，袁宝华又一次向政治局汇报了物资管理体制改革的情况。2 月下旬，他带领一个工作组到东北，检查东北地区的工业调整和物资改革的进展，并到基层进行调查研究。4 月 22 日，袁宝华代表国家经委主持召开了全国技术工作会议，加强企业技术改造，提高对企业技术工作的认识。为此，国家经委专门成立了技术推广局。

1963 年 3 月，国务院批准成立国家物资管理总局，归属国务院直属机构序列，任命袁宝华兼任总局长，李哲人、李超伯、谢北一、刘生标、邓存伦、曹普为副总局长。并规定国家物资管理总局的主要职责是全面组织生产资料的经营管理工作，并参与编制物资分配计划。国家物资管理总局成立后，根据中央批准的改进物资管理工作的方案，对全国物资系统着手实行管理机构、经营网点和财务工作的统一管理。1961 年交回主管部管理的化工、建材和火工产品的销售机构、人员，又划归国家物资管理总局管理。同年，国务院决定将国家物资储备局划归总局领导。总局职权扩大后，工作日益繁重。当时，实行的是“三垂直”，一直到县一级的三类物资管理。这一段物资工作可以说是完善了体系，打开了局面，打下了基础，形成了系统。

伴随着我国物资管理改革的深入，国家物资管理总局的担子也越来越重，工作要求越来越高。6 月 27 日，袁宝华在一次物资工作座谈会上指出，物资管理改革工作，一是要从生产出发，不要忘了为生产服务这一条；二是要从实际出发，根据实际需要和可能办事，充分发挥现有组织和广大职工的积极性；三是要从试点入手，物资改革工作必须经过试点，取得经验，逐步推开，要摸着石头过河；四是要加强联系，需要总局解决的问题，都可以直接找他，尽量少用公文请示，以免手续过多，耽误时间。做好物资统一管理工作，还必须对过去分散管理时地方和企业形成的库存积压进行清仓。9 月 29 日，袁宝华在中央清仓办公室召开的处理积压物资经验交流会上讲话指出，积压了物资，就是积压了国有资金，不利于国民经济的调整和发展。利用了积压物资，就可以把死物变成活物，把呆滞物资变为有用物资，避免继续损失国家的人力、物力、财力。

1963 年 9 月，中央工作会议决定再用三年进行调整，实行既调整又发展的战略。10 月，袁宝华带领工作组到华东地区及江西等省，检查工业调整和物资改革工作。11 月 5 日至 12 月 5 日，他主持全国生产供应会议，即订货会议，会议开了一个月也难以完成订货工作，各个战线对生产物资的需要太旺，但物资缺口太大，根本无法满足恢复和发展生产的需要。12 月他向中央书记处汇报了物资工作情况，刘少奇指示必须加大物资改革力度，试办托拉斯，用经济办法管理企业。

1964 年 2 月 27 日，袁宝华在全国物资部门经营管理工作会议上发表长篇讲话，详细阐述了物资部门加强经营管理的目标、方针和政策。他指出，物资部门加强经营管理，就是要集中力量，使工作建立在高质量、高水平的基础上，更好地贯彻执行中央关于物资管理改革工作的方针。其奋斗目标，就是通过算账，更好地、更经济合理地使用人力、物力、财力，提高工作质量。要既算经济账，又算政治账，要以整个国民经济的全局出发算账。从生产出发，为生产服务，起保证生产和促进生产的作用，是物资工作的根本方针。物资部门要做到“三个保证”（即按计划和合同保质量、保数量、保时间），“三个要求”（即费用要低、手续要简、服务态度要好），消灭“三个落后”（即消灭不合理的物资调运、资金占用和仓库管理）。工作重点一是要改革订货工作，过去那种集中订货的订货会议规模大、时间长、人数多、工作粗，不能适应物资工作改革和生产发展的需要，应逐步采取“统一平衡、定点供应、就地订货、就地供应”的办法；二是要处理积压物资，在全国库存80亿元物资中，有相当一部分是亟须处理利用的物资，要积极地加以利用，这样既可充分发挥物资的潜力，促进生产，又可松动资金，加快资金周转，节约国有资金；三是要做好物资维护保管工作。为此，他提出必须抓好“三基一化”（即基础工作、基层建设、基本功，革命化），包括了业务建设、组织建设和思想建设的内容。他在物资系统积极倡导要树立四个观点和四个作风。“四个观点”就是政治观点、生产观点、群众观点和全局观点；“四个作风”就是艰苦朴素、联系群众的作风，紧张严肃、雷厉风行的作风，老老实实、大公无私的作风，谦虚谨慎、团结互助的作风。这一时期，在袁宝华的大力提倡下，在物资系统广大干部和职工中，形成了良好的精神状态和工作作风。

1964年三四月间，袁宝华率领调查组到湖南和河南，进行了40多天的调查研究。他深入到地方和实际部门中，探索研究怎样用经济的办法管理经济。这个课题是由刘少奇提出来的，在调整时期，中央强调集中统一，但往往又助长了中央行政命令和行政办法管理经济做法的抬头，因此，刘少奇提出要用经济办法管理经济。5月15日，袁宝华与调查组向国家经委提供了《按经济区划，用经济办法就地就近组织物资供应》的调查

1964 年，与物资部同志参观毛主席旧居。

报告。在报告中，他们建议将当时各管一段、各守山头的供应方法，改为按经济区划、用经济办法、就地就近组织供应的办法。报告建议各物资专业公司实行托拉斯化，从总公司到基层公司、供应站建立起统一垂直的业务经营系统。在计划调度、业务经营、资金管理、干部管理上由上级公司垂直领导，形成全国调度灵活的经营网。调查组的这一改革建议，是对 1960 年以来物资管理体制调整和改革的深化，是探索符合我国经济发展实际需要的物资供应方法的积极成果，对物资管理体制调整与改革起了积极的推动作用。

1964 年 7—8 月，袁宝华专门率领一个工作组到内蒙古、宁夏、甘肃，进行了两个月的调查研究，了解经济调整和物资体制改革工作。沿途深入工厂、田间和工人、农民家庭，目睹了“大跃进”造成的经济困难给工农业生产和人民生活所带来的冲击。他还受周总理的委托，专程到酒泉钢铁公司进行调查研究。他还记得当周总理得知酒泉钢铁公司因为缺少粮食停工下马时，严肃批评甘肃省领导的情景。周总理动情地说：酒钢不过几万人，采取什么办法都应该保证粮食供应，无论如何不应该让酒钢这么大的项目下马。袁宝华看到酒钢在“大跃进”中受到严重破坏，心中也十分焦虑。他与柴树藩等一起讨论制定了恢复酒钢生产的方案，并报中央批准。

1964 年 8 月，到镜铁山桦树沟露天铁矿调查研究。

1964 年 9 月，中共中央、国务院决定将国家物资管理总局升为物资管理部，并成立党委，11 月经全国人大通过。袁宝华被任命为部长兼党委书记，同时他还兼任国家经委副主任。李哲人、李超伯、谢北一、邓存伦等为副部长，次年又增加了宋致和、刘炳华为副部长。物资部的主要职责仍是全面组织生产资料的经营管理工作。1965 年 1 月，为使物资平衡分配计划的编制与执行更好地结合，又将国家计委的物资综合分配局、冶金产品分配局、机电产品分配局划归物资管理部领导，由物资管理部负责编制物资平衡和分配计划。

由于调整时期造成的物资紧缺局面加剧，以及物资部门几年来较迅速的发展和队伍的壮大，在物资系统干部中出现了一些问题。集中表现为在干部手中权力不断扩大的同时，一些不良苗头在滋生和蔓延。袁宝华通过不断地下去调查研究，及时地发现了这些不良苗头，在4月的一个座谈会上，他对这些不良习气做了严肃的批评，尖锐地指出突出的问题是领导落后于群众。他把这种不良苗头的表现概括为八个方面：一是单纯业务观点，将政治工作停留在口头上，只叫不抓，因此在经营管理上，损人不利己，唯利是图；二是严重铺张浪费，讲排场，摆摊子，争投资不问使用，争设备闲置损坏，争编制人浮于事；三是用人不问政治，喜欢顺手顺眼的、吹吹拍拍的、唯唯诺诺的人，脱离群众；四是工作追求形式，讲求表面热闹，工作不扎实，不顾实际情况，机械执行命令；五是作风专横粗暴，习惯于家长式领导，乱批评指责，搞“一言堂”；六是革命意志衰退，突出表现在贪图享受，好逸恶劳，讲究衣食住行；七是领导脱离群众，不关心群众生活和疾苦，官僚主义，行政命令；八是核心团结涣散，某些领导有严重的个人主义、宗派主义，危害很大。他不断提醒和告诫物资系统的领导干部，要发扬党的优良传统和三大作风。

11月袁宝华在物资部干部会议上，提出要大胆培养新生力量，他语重心长地指出：许多较优秀的年轻干部没有充分发挥应有的作用，一旦青黄不接，党的事业就会受损失。年轻干部精力充沛，对其中优秀者应及早放在领导岗位上。对年轻人要大胆信任，积极培养，严格要求，放手使用。有了年轻人，我们的事业才有保证。同月，中共中央决定，物资管理部由国家计委、经委、建委三委共同代管，以国家计委为主。到1965年末，物资管理部已经设立了6个职能局、6个总公司，共有职工1 400多人。全国物资系统设有各种经营网点3 700个，生产资料服务公司150个，全国物资系统职工达到20万人。一个遍及全国的生产资料流通的管理体系和流通网络已经基本建立了起来。

到1966年上半年，全国的经济形势还是比较好的，各个部门还在认真抓生产建设。整个国民经济经过调整，也发生了根本的改变。与此同时，林彪等以“突出政治”为幌子，干扰我国经济建设的活动也日益猖獗。这年年初，相继召开了工交口各部党委书记会议、全国工交工作会议和全国工交政治工作会议，会议的一个核心问题就是讨论革命化，突出政治究竟突出到哪里？由于林彪、“四人帮”的捣乱，会议争论不休。3月3日，袁宝华在会议上结合物资工作的实际，发表了《管物又管人，管物先管人》的讲话，提出人尽其才，物尽其用，管物又管人，管物先管人；自找麻烦，上门服务，把为生产服务作为物资管理部门的工作指导思想；统而不死，活而不乱，越统越要发挥大家的积极性；越活越要加强检查监督。

总之，随着中央调整国民经济各项重大措施的落实，从1963年开始，国民经济逐步恢复，物资体制改革不断深入，生产资料的流通和管理，也开始出现了新的局面。在这个时期，重要物资的周转加快了。以钢材为例，由于“大跃进”造成的国民经济严重失调，1962 年全国钢材的社会周转库存出现了极不正常的情况，周转期竟达到 17.8 个月，到 1965 年已缩短为 7.95 个月，三年之内缩短了近 10 个月。钢材库存结构也有了明显改变。1962 年生产建设企业和主管部门库存占 95.8%，物资部门和钢厂库存只占 4.2%，1965 年前者下降为 70%，后者上升为 30%，增强了国家调度调剂的能力。

工业生产有了很大发展，工业企业的流动资金的周转加快了。工业企业的流动资金中原材料所占比重最大。物资供应好，产品销售快，是工业企业流动资金加快的重要因素。每百元工业产值占用流动资金，1965 年同 1962 年比较，三年降低 44%，节约了大量流动资金。由于实行了集中物力保证重点的方针和合理组织物资流通的改革，基建投资效果提高了。基建投资完成额中新增固定资产的比重，1962 年只占 79%，其中工业占 70%，而 1965 年提高到 93.6%，其中工业达 94.9%，三年间提高了 24 个百分点。

我国各级政府在这时期也普遍建立起了专门负责生产资料流通和管理的物资部门和重要物资的经营机构，包括专业公司、各种类型的供应站及负责“四代一调”（代购、代销、代加工、代托运和调剂余缺）业务的生产资料服务公司等；组织起了一支专门从事物资管理和经营的专业队伍；理顺了物资流通渠道，建立了物资供应的新秩序；并在经营方法上不断创造和总结出了许多服务生产、方便用户的好经验。物资工作受到各级领导的赞赏和企业的好评，生产资料流通开始走上生气勃勃、健康发展的道路。

从1962年到1965年，物资管理部门的工作成就十分明显。集中体现在下述方面：第一，加强了对物资的全面管理。通过这次改革，在做好统配、部管物资平衡分配和改进订货工作的同时，特别加强了对三类物资的管理，使三类物资的供应有了较好保证。第二，统一管理重要物资的销售工作。通过这次业务和机构的调整，金属材料、机电设备、化工材料、木材、建筑材料和火工产品的销售业务和销售机构，从1963年起已直接由国家物资部门统一管理、统一订货，其余统配物资也做到在国家物资部门统一组织下进行订货。第三，集中管理中转仓库。通过这次改革，冶金等13个中央部门先后将中转仓库移交物资部门。物资管理部在天津、上海等大城市设立了直属储运公司，实行了“统一管理，分户记账，货属原主，随用随提”的办法。第四，统一了收费管理办法。在当时的计划经济体制下，生产资料价格由国家统一规定，通过物资企业中转供应的物资实行收费从低、“以收抵支、收支平衡”的原则，由物资管理部规定全国统一的收费标准。第五，试行按经济区域就地就近统一组织物资供应。物资管理部先后在石家庄、无锡、徐州和“三线”建设地区，进行打破条块分割、按经济区域由当地物资部门就地就近向生产企业和用料单位组织供应的试点。特别是在“三线”的重点建设项目所需主要建筑材料，由物资部门负责确保供应。第六，创造、推广了许多服务生产、方便用户的好经验。物资部门坚持为生产服务的宗旨，尽量为用户提供方便，突破了产品分配调拨的传统做法，在一定程度上具有商品交换的特色。第七，物资部门还大力提倡“管供、管用、管节约、管回收”，努力实现物资的节约使用、综合利用和回收复用，在生产和流通的各个环节上节约物力，提高社会积极效益。总之，经过几年的努力，到1965年末，一个以实行全国集中统一管理为特点的物资管理和业务经营网已经基本上建立了起来，并在国民经济发展中发挥了重要作用。在我国经济领域出现了一个新兴的产业部门——生产资料流通部门。这些都有力地说明，物资体制的改革成绩突出，效果显著，道路正确。可惜的是，物资体制改革正当不断深入、物资工作正当蓬勃发展之时，遭受到1966年下半年开始的“文化大革命”的狂风恶浪的摧残破坏。直到1975年邓小平主持中央工作，提出整顿以后，各级物资部门才较快地恢复了机构并开始了正常的工作。

物资部的工作能这么有起色，与袁宝华的辛勤工作是分不开的。当时任物资部副部长的宋致和后来回忆说：“物资部是新成立的部，宝华同志是班长，大家对他的民主作风印象深刻；他待人接物，坦诚亲切，是物资部党政‘一把手’，不论对领导班子成员，对一般工作人员，对职工群众，都是这样，现在物资部的老人对宝华同志都怀着深刻尊敬的好印象，这就是我说的德高望重。”据说当时物资部机关工作人员大约有300多人，袁宝华都能叫出他们的名字。

在国民经济经过调整开始恢复和发展的时候，政治生活中开始出现了新的偏差。1965 年初，毛主席对城乡“四清”运动提出，这次运动的重点是整“党内走资本主义道路的当权派”。长期在经济战线作具体工作的袁宝华对这种山雨欲来的形势并没有明显的觉察，直到 1966 年《五一六通知》发出后，才感到形势已经很危急了。“文化大革命”开始后，物资部的工作受到严重冲击。8 月，毛主席发表《炮打司令部》的大字报，中央文革小组借机四处煽风点火，揪斗领导干部。物资部机关已经开始陷入混乱，无法正常工作。从这年年底开始，袁宝华开始被冲击，在物资部一次又一次地作检查，总是过不了关。1967 年 4 月，造反派宣布夺了袁宝华的权，要他“靠边站”。

造反派捏造材料，以莫须有的罪名给袁宝华扣上叛徒、特务、走资派的大帽子，监督劳动。在被打倒的那些日子里，造反派每周都要批判袁宝华四五次，几乎每天都是上午这一派拉出去批判，下午那一派拉出去批判。有时造反派批斗其他领导，也要拉他去陪批，有许多次造反派批斗薄一波，都拉他去陪批。造反派要身材高大的袁宝华低头认罪，稍不如意，便上前强行按压他的头。这种日子持续了很长一段时间，袁宝华失去了人身自由。对于“文化大革命”及所采取的这种形式，他百思不得其解；看到许多领导和战友跟自己一样，被打倒并剥夺了人身自由，甚至被害致死，更是十分痛心。他在被监督看管期间，认真阅读《毛泽东选集》，希望能从中找到答案。他对未来充满了忧虑，1968 年春，他在被监管的陋室中写下了《西江月·斗室书怀》的词，用以明志，词云：

此生以身许党，
慷慨壮怀激情。
迅雷烈风自从容，
四卷朝夕与共。

放眼五洲云天，
触目西山雪晴。
无边思绪任汹涌，
一片丹心如镜。

第八章

工交生产的「总调度」

袁宝华是在周总理的直接关怀下才被从“牛棚”里解放出来的。此后，他便成为国务院领导指挥全国经济工作的得力助手，他夜以继日地拼命工作，是维持全国生产和人民生活的“总调度”，是严峻形势下解困抒难的“救火队长”。

“文化大革命”初期的混乱局面给国民经济造成了十分严重的破坏。许多中央和国家机关陷于瘫痪，一大批有丰富经济管理经验的老干部被打倒，无法正常工作。周总理竭尽全力维持着国民经济的运行，他比其他任何时候都更需要经济管理的干部和专家。对于袁宝华的工作能力和才华，他是很了解的。早在延安时期，他们就相识，建国初期袁宝华又随他赴苏联参加“156 项工程”的谈判，后来又成为他任命的部长。“文化大革命”初期，他多次想尽办法保护袁宝华，1967 年“五一”前夕，他一方面安排袁宝华上天安门，这实际上就是告诉造反派，袁宝华没有什么问题；另一方面与造反派谈话，指名要袁宝华出来主持全国订货会，他口气坚决地讲，这次订货会袁宝华必须参加，不能在会上“造反”。但是这些要求和安排，在造反派打倒袁宝华的喧嚣中都未能实现。周总理得知此情况后，对袁宝华十分关心，特意请袁宝华到中南海，让谷牧与他谈话，要他放下思想包袱，不要对抗群众，接受考验。有什么问题，就打电话告诉周总理。袁宝华十分感激周总理的关心。1968 年 6 月，当造反派要将袁宝华送到监狱监禁起来时，周恩来挺身而出，他告诉物资部军管会负责人："袁宝华我在延安就认识他，他的历史比较简单，学生出身，在大学入党参加革命。现在我要用人，你们加快审查，'解放'出来。"

军管会用了三个月审查袁宝华，到 10 月底，袁宝华被宣布解放，重新开始工作。11 月，袁宝华获准参加物资部生产指挥部，并根据国务院领导的指示，参加 1969 年国民经济计划的编制工作。在当时那种市场供应十分紧张、各类物资特别是煤炭供应非常紧张的形势下，物资平衡是计划编制中最困难的事情，只能是"有多少米做多少饭"。当时的情况真是"巧妇难为无米之炊"啊，袁宝华的工作十分难做。例如，林彪、"四人帮"极力鼓吹个人崇拜，各地大量制作毛主席像章，1969 年初物资部被迫专项拨出 5 000 吨铝制作像章，这就加剧了铝的生产供应紧张局面。周总理得知后，批示要收回这批铝。袁宝华多次耐心细致地做工作都难有成效，周总理非常体谅袁宝华的难处，在 3 月召开的全国计划工作会议上，传达毛主席"还我飞机"的指示，才使袁宝华得以较顺利地收回这批铝。4 月，鞍山市军代表提出要接管鞍钢，袁宝华对鞍钢的感情很深，对鞍钢的情况太熟悉了，他坚决反对这种做法，十分担心把如此庞大的企业下放到地方，只能给企业带来损害。但是，他的力量和声音却很有限，许多正确的意见都无法得到采纳。

1969 年 10 月，国家计委生产组成立。生产组组长由计委军代表苏静担任，陈彬任第一副组长，袁宝华任常务副组长。由于苏、陈二人都是军队调来的干部，所以生产组的实际工作是由袁宝华负责。在“文化大革命”那么混乱的时期，生产组做了大量工作，为国务院领导分忧，为人民生活解难，做出了卓越的贡献。生产组实际上是国务院业务组的生产组，国务院业务组是在“文化大革命”初期国务院机构遭受严重冲击、许多办事机构长期处于瘫痪状态的形势下，经毛主席同意成立的国务院主管国民经济和工农业生产等工作的机构，周总理担任组长，李先念任副组长并主持日常工作，许多国务院领导和经济部门负责人都是其成员。由于对外保密，所以生产组也称计委生产组或计委值班室。

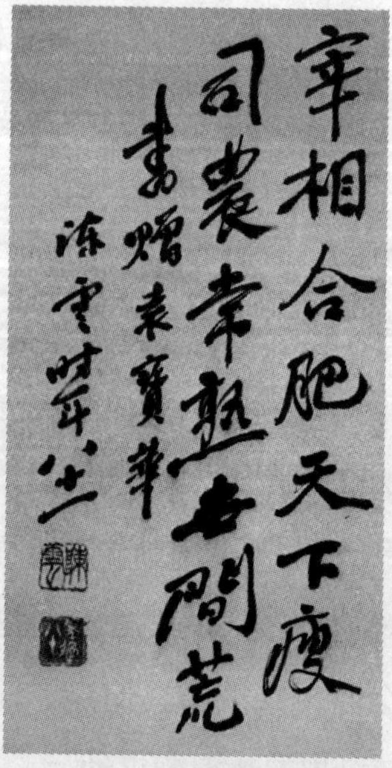

1986年，陈云题词赠袁宝华。

中共九大以后，国务院各部委都被大大压缩，国家经委、物资部等9个部委被合并到国家计委之中。生产组成立后，原国家计委和经委的日常工作几乎都归到了这里。在周恩来、李先念和余秋里的直接领导下，袁宝华与生产组的几十个人撑起了全国的生产调度和管理工作。由于不少部委的工作当时都难以正常开展，特别是国家综合经济部门被大大削弱，生产组就承担了这一艰巨的综合协调工作，几乎是一个人管一个行业，钢铁、冶金、铁路运输、煤炭、电力等行业均是如此。在那种动乱的环境中，哪一个行业都不能出事，一旦出事，整个国民经济的运行就会受阻。他们坚守岗位，夜以继日，到处“救火”，是保障全国生产和人民生活的“救火队”，袁宝华戏称自己就是这个“救火队”的队长；他们四处奔波，调集物资，确保国民经济的运行，那种形势真是“拆东墙补西墙，墙墙是洞；东调度西调度，处处漏风”。袁宝华被大家称为全国的“总调度”。

1969年年底，中央决定加快西南铁路建设的步伐，为“大三线”建设创造良好的基础设施条件。同时，周总理也希望通过铁路建设，能有助于克服前几年国民经济的混乱局面。根据周总理的指示，国务院成立了由余秋里任组长、袁宝华任副组长兼办公室主任的铁路建设支援领导小组，小组成员单位有国家建委、物资部、冶金部、一机部、铁道部、铁道兵等部门，徐良图是办公室副主任。在余秋里、袁宝华的领导下，该小组为加快成昆、焦枝、阳安、襄渝四条铁路干线的建设做出了重要贡献，特别是在重点保证铁路建设对钢材、水泥、机电设备器材及施工机具等物资的需要，及时掌握施工建设的进度、质量和安全等方面，做了大量艰苦细致的工作。袁宝华坚持把铁路建设支援物资供应放在第一位，前方需要什么就抓紧解决什么，决不能因物资供应而延长建设工期。他经常召集有关部委负责人交换意见，动员大家齐心协力做好铁路建设支援工作。他强调铁路建设支援工作要有预见性，不能是缺什么再找什么，而要提前落实供应。例如，这四条铁路建设因地理条件不同，需要很多架桥机，他提前半年就派专人落实生产。他注重调查研究，及时掌握生产情况，不断派办公室工作人员下到建设工地，实地了解，现场检查，确保质量。建国后，如此大规模的铁路建设，还是第一次。铁路建设支援小组和袁宝华所做的大量辛勤工作，都记录在这四条铁路的一石一木中。这四条干线均在较短的时间内建成，为把大西南交通同全国交通连成一体、为“大三线”建设和扩大西南生产建设规模奠定了基础，同时也促进了豫西、鄂西、湘西、桂北老少边穷地区的工农业生产迅速发展。

1970年，全国的经济形势逐渐从“文化大革命”初期那种“天下大乱”的形势中摆脱出来，工农业生产开始恢复和好转。1月，在南昌召开的全国机电产品订货会，是“文化大革命”开始后第一个较大规模的生产订货会。由于几年来的混乱局面对工农业生产的严重破坏，使各地对机电产品的需求急剧膨胀，参加这次订货会的人员竟然高达2万多人，这一下子就给南昌市的生活品供应造成很大压力，出现了生活品供应紧张的局面。

周总理获悉后，立即派袁宝华前往南昌尽快结束会议。从这件事中他深深地感到“文化大革命”对国民经济和工农业生产的严重破坏，许多地方的人民生活和物资供应十分紧张，地方的经济承受力十分有限，同时他也感到采取老办法搞物资供应，看来是走不通了。

在“文化大革命”那种形势下，许多老知识分子都未能逃脱运动的冲击。著名数学家华罗庚也不例外，被扣上了“反动学术权威”的帽子，查抄了他多年积累的研究成果和资料，并被剥夺了从事数学研究的权利。在万般无奈之中，华罗庚向周总理提出要推广“两法”（即优选法、统筹法）。1970 年 4 月，周恩来为此专门有一个批示给袁宝华，让他协助华罗庚开展工作。袁宝华立即把华罗庚请出来，耐心做一般群众和造反派的工作，帮助华罗庚把被抄走的资料要回来，并组织一支精干的力量协助华罗庚推广“两法”。袁宝华还召集国务院各部委的负责人开会，专门请华罗庚讲优选法、统筹法，讲系统工程。他还热情鼓励华罗庚到全国各地、各个企业中去宣传和推广“两法”。“两法”的推广受到了企业界的热烈欢迎，通过推广“两法”，许多企业开始注意加强企业的科学管理。正因为如此，华罗庚十分敬重比自己小 6 岁的袁宝华，他们之间保持着真挚的友谊。多年以后，在推动我国企业管理现代化的工作中，他们又肩并肩地站在了一起。

7 月，国家计划革命委员会成立，余秋里兼任主任，袁宝华任副主任并兼生产组组长。当时规定计委机关干部编制不能超过 100 人，其中仅生产组就有 30 多人。这时的生产组工作已走上正规，担负起了全国工业交通生产管理和生产调度的艰巨而繁重的工作，每星期都要召开一次工业交通生产调度会，许多棘手的问题都能够在会上得到解决。从这时起一直到“文化大革命”结束，计委生产组在袁宝华的直接领导下，团结一致，精心工作，尽心尽力，埋头苦干，为维护整个国民经济的运行，做出了卓越的贡献。袁宝华从此担负起了统领全国工交生产管理和生产调度的重任。

后来，袁宝华回忆当时生产组的工作内容时还是无限感慨，他认为当时生产组的主要工作集中在三个方面：第一，燃料、原材料和交通运输的调度指挥；第二，企业生产的恢复、维持、节约、技术装备更新、技术改造，尽可能地采用一些新设备、新工艺，提高企业生产能力；第三，配合国民经济各个有关部门的工作。在国民经济受到极大破坏，人民生活受到严重影响的形势下，需要有生产组这样一个组织，在全国范围内进行调度指挥。

制约当时经济发展的两个瓶颈就是燃料和交通，燃料供应不上，交通秩序混乱。生产组既要到处“救火”，进行紧急调度指挥；又要拾遗补缺，及时处理各种国家计划没有考虑到的问题。生产组指挥和组织全国工交生产，最重要的手段就是靠调度。生产组的调度实际就是全国的调度，其他部委和各省市也相继成立了专门的调度机构，接受生产组的指挥。当时工交生产始终受“三紧张”（即煤、电、运紧张）的困扰。工业和人民生活用煤、电力供应和铁路交通及海上运输，一直处于十分紧张的状态。袁宝华带领生产组工作人员，在各方面都十分紧张的形势下，对全国工交生产调度精心组织、精心安排，既能照顾当前生产的安排，又能考虑长远发展的需要；既能抓住重点、确保重点，又能兼顾其他方方面面。面对需要多、生产少，运量大、运力小的矛盾，袁宝华在调度中坚持重点物资排队的办法。例如，重点物资排队顺序就是煤炭、粮食、矿石、木材、石油、钢铁和其他，供煤的排队顺序是机车用煤第一、电厂用煤第二、城市生活用煤第三、钢铁炼焦用煤第四，等等。当遇到紧急需要，如救灾、抢险等突发事件时，袁宝华迅即报请国务院领导动用国家战略储备物资，并优先安排调运。虽然如此，由于林彪、“四人帮”的破坏，工交生产形势并不乐观，各地还不时地发生造反派拦截车辆、哄抢物资、干扰生产的情况，从而使“北煤南运”、“西煤东运”、支援“大三线”建设物资、进口物资和产品、东北重要物资进关等时常受阻。因此，各地的告急电报仍如雪片般飞来。例如，武汉曾发生人民生活用煤告急，市民被迫在零下四五度的冬天裹着棉被排队购买煤球；东北也曾多次出现人民冬天取暖煤供应紧张、供电紧张的局面。这些都需要生产组紧急调度资源，及时予以解决。当时的计委负责人曾感慨地讲：“宝华同志每天都要看一尺厚的文件。”

煤炭是我国工交生产和人民生活最主要的能源。在六七十年代，煤炭在我国燃料构成中占80%以上，大中型企业和城市生活用煤库存一般要求1～3个月，全国对煤炭需求很大。但是由于煤炭生产遭受林彪、“四人帮”一伙的严重破坏，根本不能满足供应，库存吃光，“寅吃卯粮”。当时工交生产和大中城市生活用煤需要每天至少40万吨，但国家82个统配煤矿每天只能生产22.5万吨～28万吨，缺口达10多万吨。最严重的时候，上海的库存煤仅够维持几天，形势万分紧急。袁宝华在周总理的支持下，想方设法保证上海主要工厂不停产。例如，有一次上海出现原油告急，周总理知道后让袁宝华查一查从大连发往南京的原油船现在到哪里了，如果到了长江口，马上通知转入黄浦江，运到上海电厂。为缓解煤炭紧张局面，袁宝华与生产组工作人员一方面抓煤炭调运，另一方面会同燃化部抓煤炭生产。针对采煤设备严重失修和损坏的局面，袁宝华首先抓设备维修这个关键，保证设备维修所需的钢材和各种备件，组建维修设备网点，确保用电指标。针对煤矿劳动力短缺的情况，袁宝华报请国务院批准，同意各大煤矿招收了一批矿工，并提出把长期在井下一线工作的矿工家属的户口迁至矿区，以稳定矿工队伍。袁宝华深入矿区，重点调查了开滦煤矿、阜新煤矿、大同煤矿等大中型企业，与燃化部一起，大力推动煤炭企业挖潜改造。同时还积极争取国务院领导的支持，于1975年首次引进40套国际先进的综合采煤机组，大大加强了我国机械化采煤能力。狠抓安全生产是袁宝华一贯的工作作风，面对全国许多煤矿事故频繁、死亡率高的问题，生产组及时将这方面的情况向中央作了汇报，引起了领导的高度重视。1970年12月，中央发出了《关于加强安全生产的通知》，要求各地各企业把安全生产摆在重要日程，发动群众，批判无政府主义倾向，建立健全安全生产制度，严格组织纪律。此后，国务院成立了安全生产领导小组，袁宝华担任副组长，狠抓安全生产问题。

1977 年 10 月，到长江三峡水库坝址调查研究。左三李桂庭，中袁宝华。

电力直接影响着国民经济的各个方面，是国民经济的先行部门。通常电力必须先行，超前发展，留有余地。但是长期以来工交企业一直因电力供应不足而严重影响生产，特别是在“文化大革命”期间，各地缺电的告急电报、电话接连不断，一些地方电网电压经常由正常的 50 周波下降到 47 周波以下，直接威胁电网的运行。不少企业每星期 7 天中只能“停三开四”。这种困难局面始终牵动着袁宝华的心，经过深思熟虑，他和生产组的同志们创造性地提出了一个解决困难的“三电”方针，即计划用电、节约用电和群众办电的方针。

计划用电是解决电力不足的重要原则。在周总理、李先念副总理的支持下，袁宝华提出从1970年开始，每季度给各地下达用电分配指标，对重点企业用电指标采取“戴帽”下达措施。同时，组建了东北、京津唐、华东三个电网领导小组，协调用电工作。例如，京津唐电网领导小组开会，袁宝华一定去参加，因为这个电网直接关系着首都北京的电力供应。为确保中央国家机关、各国驻华使馆及电台、机场等重要部门的用电需要，天津市、河北省都作出了很大牺牲，袁宝华也为此做了大量说服工作。又如，如果确保上海用电，势必要减少江苏、浙江两省的用电，袁宝华坚持统筹安排，既要保重点、又要顾大局，坚决抵制了张春桥提出的要分解华东电网，把江苏望亭电厂划归上海的要求。

节约用电也是袁宝华常抓不懈的工作。这项工作的主要内容，一是抓降低电耗，集中改造耗电大的机械设备。二是抓余热发电，大力改造落后的苏式锅炉，把这种锅炉产生的中压蒸汽先通过汽轮机发电，再将已变成的低压蒸汽提供给生产所用。三是抓油改煤工作，由于煤炭供不应求，一些地方和企业迫不得已以油代煤，纷纷将烧煤的设备改为烧油，先是烧柴油、重油，后来扩展到烧原油，每年都要烧成千万吨的原油。这对石油资源是极大的浪费，袁宝华看在眼里，痛在心里。他曾经同当时担任华北电业局局长的李鹏一起到珠窝电厂做调查，及时阻止了该厂即将上马的把烧煤机组变为烧油机组的改建工程。四是抓用电大户向西北地区转移，把一些设在沿海的耗电大的企业，如铝厂、铁合金厂等搬迁到电力较充足的西北地区，以缓解沿海地区电力供应的紧张局面。

搞群众办电目的就是为了缓解大电网供电不足的矛盾。袁宝华和生产组为调动地方与企业办电的积极性，鼓励地方办小水电、小火电，鼓励企业搞自备电站、合资办电厂。历史已经证明，“三电”方针的确在当时为缓解电力不足矛盾，协调各地区、各行业用电需要，起了重要作用。

铁路交通是国民经济的“先行官”，具有“高、大、半”（即高度集中、大动脉、半军事化）的特点。但在“文化大革命”中，铁路运输所遭受的破坏最为严重，哄抢铁路货物仓库、拦阻袭击列车、甚至杀人越货等恶性事件屡有发生，铁路交通运输经常受阻。在国务院领导的支持下，袁宝华率领生产组调度室的同志，不分昼夜，紧张忙碌。每当出现紧急情况，他都及时向国务院领导请示汇报，并传达他们的指示。他还经常组织有其他部委领导参加的联合工作组，深入到出现问题的铁路局、港务局，了解情况、现场调度，配合当地狠抓铁路卸车、物资抢运工作。当时制约铁路运输的关键环节是卸车跟不上，大量车厢被运载物资占用，不能及时卸车。一些厂矿企业更是以车代库，导致车辆周转困难严重。因此，不抓卸车就没有装车。当时，“北煤南运”、“西煤东运”都经常因卸车工作跟不上而中断。在很长一段时间内，袁宝华都要在星期一召开的有各部委领导参加的生产调度例会上，强调狠抓卸车。生产组还以国家计委的名义发出文件，要求各地和各大厂矿企业及时卸车，不得以车代库。针对港口卸船周期太长的问题，袁宝华提出要消灭“超月船”，得到了交通部的赞同。在袁宝华的推动下，许多港务局都以消灭“超月船”为目标，交通部也将在港停泊货轮数的多少，作为考核港务局业绩的重要指标之一。

冶金工业是袁宝华非常熟悉的行业。在“大跃进”期间，冶金工业伤了元气，“文化大革命”初期又被严重冲击，钢铁生产持续下降。党中央、国务院领导着急，全国人民也着急。为了缓解冶金工业对国民经济发展的严重制约，贯彻落实党中央、国务院有关必须把冶金工业搞上去的重要指示，袁宝华日夜奋战、紧张工作。他多次告诫生产组同志，对冶金工业必须抓紧，抓而不紧，等于不抓。要时时抓，日日抓，月月抓，一年抓到头，不放松。每天一上班，他第一件事就是翻阅各室汇编的生产日报。他多次召集会议，讨论并解决冶金工业存在的问题，仅1971年一年他召集的此类会议就达60余次。他还经常给冶金部的领导打电话、写信，交换尽快把冶金工业搞上去的意见。1972年8月，他在给冶金部领导的信中指出，目前冶金生产指挥处于停滞状态，抓得不紧、不狠、不力，完成今年国家计划绝非轻而易举，大有完不成的危险，要万分重视。并提出了解决问题的具体措施。他在一封要求冶金部做好收集废钢的信中严厉地说，冶金部必须“上穷碧落下黄泉”，把废钢收集起来。

1973年4月，李先念在阅读生产组上报的生产日报后给袁宝华的批示中说：“每天看这份日报，铁矿石上不去，道理在哪里？计委、冶金部应大力抓，否则2 500万吨计划完不成。如果2 500万吨还完不成，不好向主席、中央交待。”他甚至提出要向冶金部“开炮”。李先念还不断找袁宝华，共商解决冶金工业存在问题的措施。按照李先念的批示，袁宝华集中力量抓当时冶金工业的老大难“包、武、太”，狠抓这三个企业的整顿。例如，包钢在“文化大革命”中被彻底搞乱了，先后8次军管，每次新派去的军代表都管上一届军代表，最后形成“军管军”的格局，企业生产和管理陷入一片混乱。在3—4月的两个月时间中，袁宝华主持召开的有关包钢生产和管理的各种会议有数十次。李先念经常亲自参加会议，解决包钢生产与管理的问题。

袁宝华十分关心冶金工业产品质量和品种。他以多年工作的经验提醒大家，在质量问题上最容易犯的毛病，就是年初松、年终紧，年终追产量、赶任务，容易忽视质量。他在许多会议上经常提醒大家，要提高企业的竞争力，就要对质量有一个全面地理解，牢固树立“质量第一”的思想。1972年，他指示生产办公室编辑一本革命导师和毛泽东及中央领导论产品质量的小册子，用大字排版，发给有关部门和企业，广为宣传。他还让办公室把其中重要的论述抄写在大纸上，张贴于各部领导经常来开会的会议室中，以期引起大家的高度重视。当时我国钢铁企业生产品种较少，许多经济发展急需品种钢材，供不应求，必须花费大量外汇进口一些品种钢材。为此，袁宝华多次请冶金部的领导一起研究钢材品种问题，一个品种一个品种地研究，讨论解决问题的具体办法。袁宝华还十分重视发挥我们自己企业的创造性，研制国内急需的品种钢材，减少进口。例如，针对国内需要的镀锡薄板大量进口，不仅价格昂贵，而且进口也较困难的问题，袁宝华根据我国锡产量较高，镀锡技术可以过关的实际情况，提出了减少进口镀锡薄板的建议，立足于自己解决。他要求鞍钢与上海共同研制镀锡技术，从国外进口价格较便宜的冷轧薄板，在国内镀锡，以解决国内对镀锡薄板的需求。

第一机械工业部所属企业是全国生产设备的主要生产部门，要一机部做好生产主机设备工作，就必然需要更多的铸铁、铸钢和焦炭，但这些材料的供应又与冶金部等部门的生产供应发生矛盾。解决这类部门之间、原材料供应之间的矛盾，那时只有袁宝华出面最有效。袁宝华为协调这些部门的供应矛盾不知开了多少次会。如电焊条短缺，急需焊条钢，但由于这种钢难以冶炼且产量低，所以许多钢铁企业都不愿意生产。袁宝华就得请冶金部的领导来，耐心地做说服工作，一起想办法安排生产焊条钢。机械工业生产需要焦炭，袁宝华还得出面请冶金部帮忙，紧急时甚至从钢铁企业的库存中挤出来一些。1972 年 7 月，被李先念誉为“国宝”的鞍钢和武钢的五套轧机要检修，需要备件。但由于生产备件不如生产设备和生产主机有效益，所以一机部的重机厂不愿生产。袁宝华又去做一机部领导的工作。并将此事作为专项安排，军工任务也要为它让路。一机部紧急动员，组织重机厂和其他零部件厂到鞍钢听候调度，需要什么，生产什么，确保了五套轧机的检修。对于当时机械工业中重“造”轻“修”的倾向，他于1970年底明确提出了三个“修造并举”的方针，即在机械、生产和修理行业中提倡修造并举，缓解了修造之间的矛盾。袁宝华还配合我国基础工业的发展需要，组织扩大“四机”（即大电机、大风机、大压缩机和大制氧机）、“两泵”（即高压泵、特殊泵）的生产能力。

在大批洋奴哲学、爬行主义的狂潮中，袁宝华率领生产组顶住巨大压力，积极开展对外经济技术交流，及时引进先进技术和成套设备；贷款买船、扩大海运能力，组建远洋船队；狠抓外汇平衡，量入为出，坚持“出口第一，以出定进，进出平衡，绝不超支”；开辟多种渠道，积极增加非贸易外汇收入；进口散装化肥，组织国内进行分装灌包，节省大量外汇；安排进口国外旧设备和废船，解决国内部分设备及钢材急需。生产组在袁宝华的领导下，在上述各个方面做了大量工作。

70年代初我国海运量每年为2 400万吨左右，其中70%靠租船，每年要花去大量外汇。为改变这种局面，周总理提出要做到70%用自己的船，要大量造船，也要买船，少租船。在周总理的直接关心下，新安排了300万吨航运生产计划，其中180万吨由国内制造，120万吨从国外购买。生产组积极落实贷款买船事宜，并进口了一批国内生产跟不上的主机、辅机和船板，引进了一些技术专利和设备。经过这样一些努力，我国的远洋运输能力大大加强，同时造船能力得到很大提高。在外汇储备不多、创汇能力有限的形势下，袁宝华和生产组的同志们精打细算，“一分钱掰成两半用”。选派专业人员出国选购性能仍然很好、价格很低的旧设备，要求卖方保证性能达到原设备标定指标，如从日本购回的一艘国内吊装大件急需的500吨大型浮吊，在实际生产中起了重要的作用。为弥补国内钢材紧缺，袁宝华和生产组决定进口废船，拆解船板，改制成所需的型材，一条万吨轮拆下来有几千吨钢材，比购买同样吨位的钢材要便宜得多。进口散肥，组织灌包，这也是袁宝华和生产组抓的一件大事。当时我国每年要进口近2 000万吨化肥，进口散装化肥比直接进口袋装化肥每吨节省10～15美元。袁宝华和生产组协调各方面关系，将这一利国利民的措施逐步在南北各大港口推广，为国家节省了大量外汇。

从1970—1977年，生产组与计委计划组，组织审批引进了一大批国外先进的生产技术和197项成套设备，填补了国内很多缺口，先后引进了13套大化肥、4套大化纤、1套催化剂、1套烷基苯、1套1.7米轧机、电站设备225万千瓦和40套综合采煤机组，共用外汇51.8亿美元。这是新中国成立后，继“156项工程”后的第二次大引进，使我国工业技术水平提高了一大步，部分产品的技术水平达到或接近当时的世界水平。

在“文化大革命”十分困难的局势下，袁宝华领导生产组协助国务院领导做了大量工作。在最艰难的时期，他几乎每天都要去国务院汇报工作、商量对策，经常开会到午夜。他是周总理、李先念副总理等领导最得力的助手之一。

1975年是难忘的一年。由于周总理身患癌症，健康情况不断恶化，使长期在他领导下的袁宝华十分焦急。整个国家经济受到严重干扰，各方面问题堆积如山，如何才能扭转这种局面，排除万难，继续前进，这些都深深地揪着袁宝华的心。邓小平的复出，使这些笼罩在袁宝华心中的阴霾顿时消散。1月，邓小平出任党中央副主席、国务院副总理和军委副主席、总参谋长，袁宝华感到大局已定，又可以甩开膀子大干一场。这一年是紧紧张张的一年，是极不平凡的一年。在邓小平的部署下，对国民经济的全面整顿逐步开展。袁宝华积极投身于指导和组织企业整顿的工作之中，出主意、想办法、定规章，为企业整顿奔走忙碌。

2月1日，邓小平开始主持国务院工作，2月10日就批准了1975年的国民经济计划，并立即发了下去。这都充分反映出邓小平办事雷厉风行、痛快干脆的工作作风，计划发下去了，大局就定了。2月中旬，邓小平召集谷牧、万里和袁宝华到他家去商谈铁路整顿问题。在这次谈话中，邓小平表达了全面整顿国民经济的坚定决心。他经过深思熟虑，决定从整顿铁路问题入手，因为铁路是国民经济的命脉，整顿经济必须从整顿铁路秩序入手。他胸有成竹，详细论述了整顿铁路的必要性、从何处入手、采取什么措施等，提出要召开全国各省、市、自治区工业书记会议。他要求万里、袁宝华等人代中央起草一个关于加强铁路工作的文件，袁宝华感到有必要及时把邓小平讲话的内容整理成文件发下去。回来后，袁宝华与谷牧掩不住兴奋的心情，与余秋里商量积极筹备这次会议。袁宝华提前住进京西宾馆，在办公室里抱着电话打了一个晚上，找到各省、市、区革委会的"一把手"，把邓小平的讲话精神以最快的速度传达下去，要各省、市、区对整顿铁路等工作有一个思想准备。这一夜，袁宝华彻夜未眠。

2月25日，全国工业书记会议在北京召开，余秋里、谷牧主持会议，袁宝华负责具体工作的布置和安排。会议开宗明义，讨论修改文件。3月5日，邓小平到会作了《全党讲大局，把国民经济搞上去》的重要讲话。他指出，现在的大局是我国建设的两步设想，全党全国都要为实现这个伟大目标而奋斗，这就是大局。只抓革命，不敢抓生产，说什么"抓革命保险，抓生产危险"，这是大错特错的。当前的薄弱环节是铁路，这个问题不解决，生产部署统统打乱，整个计划都会落空。解决铁路问题的办法，还是要加强集中统一。必要的规章制度一定要恢复和健全，组织纪律性一定要加强。现在闹派性已经严重地妨碍大局，对闹派性的人要进行教育。要反对闹派性的头头。邓小平分析当时派性有两种情况，一种是被派性迷了心窍的人，打几年派仗打昏了头，马克思主义不见了，毛泽东思想不见了，共产党不见了。要对他们进行教育，教育过来，既往不咎，再不转变，严肃处理。另外一种是少数坏人，各行各业、各个省市都有那么一些，他们利用派性浑水摸鱼，破坏社会主义秩序，破坏国家经济建设，在混乱中搞投机倒把，升官发财。对这样的人，不处理不行，只等他一个月，等到三月底，如果再不转变，顽固地同无产阶级对立，那样性质就变了，要把闹派性的人从原单位调开。邓小平这个讲话态度坚决，立场鲜明，口气严厉，起到了很好的效果。3月5日，中央下发了《关于加强铁路工作的决定》（即中央9号文件），开始全面整顿铁路秩序。在地方党委的配合下，万里和铁道部调整充实各铁路单位的领导班子，抓了30多个破坏铁路运输生产的坏人，调离了一批派性严重又不肯改正的派性头头，恢复和健全了铁路规章制度。不到一个月，铁路整顿即见成效，铁路运输形势迅速好转，堵塞严重的几个铁路局都疏通了。铁路整顿初见成效，其他行业和部门的整顿也就较好地开展了。

国家计委在2月还召开了全国安全生产会议，针对“文化大革命”中造成的管理混乱、事故不断的情况，提出要加强安全生产管理。袁宝华在会上作了报告，他指出我们是社会主义国家，工人阶级是国家的主人，必须注意职工的安全、健康和必不可少的福利事业。他提出要加强安全生产，一是要加强领导，切实贯彻执行党的安全生产方针。必须克服无人负责现象，反对那种对安全生产不闻不问的官僚主义作风；二是要发动群众，把安全生产工作建立在广泛的群众基础上；三是要坚持行之有效的安全制度，严格组织纪律。把坚持安全制度说成是“管、卡、压”，是完全错误的。4月，国务院发出《关于转发全国安全生产会议纪要的通知》，指出要建立健全安全生产的规章制度，加强设备维修工作，并组织一次安全生产情况大检查。

5月，生产组和冶金部在北京召开钢铁工业座谈会，邓小平在会上提出要整顿钢铁工业，特别是要整顿领导班子，把必要的规章制度建立健全起来。月底，中央批转冶金部《关于迅速把钢铁工业搞上去的报告》，报告指出，采取措施，整顿那些问题多的重点企业领导班子，一直到支部，并明确提出加强企业管理，整顿企业秩序。为统一领导钢铁工业的整顿和发展，国务院决定成立钢铁领导小组，谷牧任组长，袁宝华任副组长，开始着手对各主要钢铁生产企业进行整顿，加强企业的领导班子建设，建立健全各项规章制度，并制定钢铁工业发展规划，同时组织冶金工业开展富矿会战。

在企业整顿中，必须把质量提到重要地位。8月，袁宝华在一机部召开的一次会议上指出，工业产品质量问题，是个重大、尖锐的政治问题。产品质量下降最根本的是管理问题。抓质量，必须结合整顿企业管理来进行。他强调指出，提高产品质量首先要解决思想问题，过去怕这怕那，可以原谅，今后再不抓就不行了。要切实整顿和加强企业管理，建立健全必要的规章制度。现代化的企业不能没有科学管理。通过整顿，所有的企业都要发动和依靠群众建立健全七项管理制度，从岗位责任制到成本核算。要加强思想教育，把遵守规章制度变成群众的自觉行动。

8月18日，国务院通过了计委起草的《关于加快工业发展的若干问题》（即《工业二十条》），继续强调企业整顿。袁宝华在9月1日的计委生产调度会议上，系统地论述了企业整顿的问题。他提出企业整顿应着重抓好三个重点：一是领导班子的整顿，二是加强企业管理和建立必要的规章制度，三是设备维修。

而整顿企业领导班子又是重中之重。他指出，对一个企业来说，决定性的因素在于有没有一个强有力的、“敢”字当头的领导班子。当前在问题较多、“软、懒、散”较严重的班子中，大都是一些对国民经济影响很大的骨干企业，整顿和建设企业领导班子主要抓以下几点：第一，要使企业的领导班子掌握在真正的马克思主义者手里；第二，坚持思想整顿为主，把思想整顿放在首位；第三，在提高思想的基础上进行必要的组织整顿；第四，充分发动和依靠群众，实行开门整顿；第五，整顿配备班子要坚持老中青三结合原则；第六，在整顿企业领导班子的同时，抓好党支部和班组建设；第七，重点整顿和经常的建设工作结合起来。他强调整顿和加强企业管理，首先要提高对企业管理的认识，肃清林彪极左思潮的影响，批判“政治可以冲击一切”等谬论，抓住在企业管理上怕说成是“管、卡、压”、“唯生产力论”，因而不敢抓、不敢管的思想，从理论上加以解决；其次，要全心全意依靠工人阶级搞好企业管理；再次，要建立和健全必要的规章制度，要解决有章不循和无章可循的问题，必须把岗位责任制、技术操作规程、质量检验制度、设备管理和维修制度、安全制度等必要的规章制度建立和健全起来。他还指出，要抓好设备维修。工交企业的设备状况不好，失修严重，除炼油行业以外，其他行业的设备完好率都较低，有的逐年下降，因此迫切要整顿和改善。他还主持召开企业代表会议，学习《工业二十条》，讨论整顿企业的措施。

经过半年多的企业整顿，我国的国民经济和企业发展发生了显著的变化。但是，“四人帮”对邓小平领导的纠正极左思潮、整顿经济工作的做法却怀恨在心，他们的破坏和阻挠也在变本加厉地进行。在11月召开的全国计划会议上，他们散布攻击邓小平、否定这一年整顿成就的谬论。不久，“四人帮”掀起了“批邓、反击右倾翻案风”运动，“四人帮”大批“条条专政”，批“唯生产力论”，批“只低头拉车，不抬头看路”，必欲搞乱全国而后快。刚刚好转的经济形势又迅即急转直下，我国又陷入了混乱和动荡之中。

1976年中国人民承受了巨大的痛苦，新中国的缔造者毛泽东、周恩来、朱德相继去世。袁宝华也陷入了深深的忧虑之中。7月初，全国计划工作座谈会在京西宾馆召开，袁宝华参加了这次会议。会上，王洪文亲自上阵，伙同上海、辽宁的造反派人物煽风点火，大批所谓“条条专政”，强令出席会议的各个部门作检讨。会议既无法继续，又不能结束。7月28日凌晨，唐山发生强烈地震，这次计划工作座谈会随即结束。后来有人说，被“四人帮”搞得结束不了的会议终于被地震给震散了。

唐山大地震造成了严重的人员伤亡和经济损失。地震后不久，袁宝华与时任副总理的孙健等一同赶往唐山了解实际受灾情况，并与河北省委第一书记刘子厚等商量对策。随即一行又赶往天津查看受灾情况。回到北京后他们立即召集有关部委负责人开紧急会议，研究解决灾区人民和抢险救灾队伍吃饭、用水、医疗、用电和恢复交通、电信等问题。党中央、国务院对此十分重视，国务院在地震当天就成立了抗震救灾领导小组，袁宝华进入该领导小组，调动了北京军区、沈阳军区以及全国的医疗、救护人员赶赴唐山。国家计委在地震后第一时间组织了全方位的抗震救灾的工作，实际上成为中央抗震救灾指挥部的办事机构，紧急组织调运大批抗震救灾物资。河北省委和灾区各级党组织都组成抗震救灾工作机构，大家夜以继日地工作。

地震对开滦煤矿的破坏十分严重。那时开滦煤矿在国家经济生活中的地位无可替代，每天产煤六七万吨，其中 2 万吨要供应上海。开滦煤矿停产，使天津、北京、上海以及鞍钢的存煤都连连告急，当时朝鲜也不断打电话要煤。为了加快开滦煤矿的恢复建设，国务院决定成立由国家计委、国家建委等 10 多个部委组成的“国务院恢复开滦生产会战领导小组”，袁宝华担任组长，张百发、刘英、贾慧生等担任副组长。袁宝华多次主持工作会议，商讨对策和具体措施；他深入灾区慰问灾民，看望伤员，安抚干部群众的情绪；他积极协调各地生产设备的调运和生产，组织开滦煤矿恢复生产。当时井下排水急需的大型水泵、阀门、稳车、电缆、高压开关板、变压器等，有现货的即刻调运，没有现货的立即赶制。当时采取的办法就是各方要集中力量抓开滦，抓住了开滦就抓住了重点，当时的口号就是“全国支援开滦，开滦支援全国”。到 1976 年底，开滦煤矿的 8 个矿有 6 个矿先后恢复生产，产量达到震前的 20%。到 1977 年底，开滦煤矿全面恢复生产，并达到震前生产水平，创造了抗灾史上的奇迹。地震 20 年后，袁宝华回忆这一段历史时还无限感慨，他说：20 年前的那场震灾夺去了 24 万人的生命，并毁坏了一座重工业城市，给国家和人民的生命财产造成了巨大损失，但英雄的唐山人民，特别是具有革命传统的开滦广大职工，以战天斗地和大无畏的英雄气概，在较短的时间内医治了创伤，恢复了生产，重建了家园，英雄的开滦工人阶级不愧是一支特别能战斗的队伍。

这一段时间，袁宝华心情十分沉重，看到被地震化为一片废墟的灾区，看着在地震中遭受巨大牺牲的灾民，再看到“四人帮”的种种倒行逆施，袁宝华的心中充满了从未有过的忧虑。他在这一年年初的《六十自勉》中写道：

勿谓发苍苍，白首不逾矩；
沧海横流日，大义识所归。
勿谓视茫茫，明远而察微；
黑云压城起，指顾辨鬼魅。
勤奋读马列，前惩复后毖；
工农吾师长，楷模垂朝夕。
先辈未竟业，后死多效力；
革命毕生志，战斗无穷期。

10月6日，以华国锋为代表的党中央一举粉碎了“四人帮”，在危急的时刻挽救了国家、挽救了党。压抑了很久的袁宝华长舒了一口气，为这一果断决定由衷地感到庆幸。但是，当时全国的大局仍不稳定，“四人帮”长期盘踞的上海，他们的余党还在窥伺时机，企图反扑。7日下午，谷牧找袁宝华紧急商议，为了防止“四人帮”的余党在上海搞暴动，搞乱上海以搞乱全国，要不惜代价稳定上海的局势特别是经济局势。根据中央的指示，必须紧急从各有关部门抽调精干人员，秘密到上海着手准备接管上海的经济指挥机构和部门。

袁宝华参与了选派人员去上海的工作。这些干部到上海后，袁宝华每天都要通过各种方式与他们保持联系，及时了解上海的情况和“四人帮”在上海的余党的动向，并向中央汇报。同时，袁宝华还运筹帷幄、调度得当，不仅没有使上海发生经济混乱和剧烈动荡，而且还从能源、物资等供应上保证了上海的稳定与安全。这年年底，袁宝华在兰州主持召开了全国节约燃料和电力工作会议。袁宝华已经真切地感到，一个新的历史时期即将到来。

第九章

出任国家经委主任，狠抓企业管理

改革开放以来，袁宝华为我国的经济改革与发展特别是企业改革与发展做出了卓越的贡献。他积极推进工业学大庆运动向纵深发展，当大庆经验遇到一些指责时，坚定地站在学大庆的最前沿，科学地总结了大庆经验，引导学大庆运动的广泛开展；他高度重视企业领导班子建设，热情鼓励和扶持一大批政治觉悟高、业务素质强的中青年人走上企业领导岗位，告诫他们要不断提高修养，对他们从严要求，他是企业领导干部的良师益友；他大力推动企业改革，从放权让利到实行厂长负责制、完善经济责任制，再到实行现代企业制度、面向世界走出国门，他都站在改革的最前列，为企业改革鼓与呼；他时刻关注广大职工的切身利益，保护工人群众的积极性和创造性，探索依靠广大职工办好企业的最佳途径；他长期提倡学习和借鉴国外先进的生产技术和管理经验，既要大胆引进，消化吸收，学会与资本主义发达国家打交道的本事，又要自力更生、艰苦奋斗，防止崇洋媚外、盲目引进的不良倾向。中国企业改革与发展的历程，每一步都深深地印着袁宝华不懈努力的足迹。

“文化大革命”结束以后，百废待兴。摆在我国企业面前的一个艰巨任务，就是要彻底纠正和肃清林彪、“四人帮”散布的各种极左谬论，明辨是非，划清界限。而当时许多人仍未能认清林彪、“四人帮”的本质，无法将他们的罪行和共产党的失误彻底分开，袁宝华利用各种场合，批判和揭露林彪、“四人帮”的极左面目和对经济建设的破坏。他指出这些人批判“唯生产力论”是别有用心，他们鼓吹的“革命搞好了，生产下降没有关系”，“路线问题不解决，生产再多，也是给资本主义复辟打基础”等论调，是彻头彻尾的混账逻辑，他们处心积虑地要把我们的社会主义生产搞乱、搞垮。正是“四人帮”的干扰和破坏，打乱了国民经济的发展计划，拖住了国民经济的发展速度，使我们丧失了宝贵的时间。

为了把被耽误的时间抢回来，袁宝华全身心地投入到恢复生产，特别是恢复生产秩序、整顿企业和企业管理中去。在当时，整顿企业的任务非常繁重，怎样才能推动全国的企业整顿迈开步子，是摆在袁宝华等人面前的重大课题。而当时最好、最容易的办法就是通过工业学大庆来整顿企业。从 1977 年开始的掀起工业学大庆运动新高潮，推广大庆在企业管理、领导班子建设、思想政治工作和劳动竞赛等方面的成功经验，就成了推动企业整顿的第一步。这一年，袁宝华花了大量的时间来筹备和组织全国工业学大庆会议，作为这次大会的秘书长，他真心希望通过学大庆运动，推动我国企业整顿和企业发展能上一个新台阶。

1977 年 1 月，中央发出了《关于召开全国工业学大庆会议的通知》。《通知》提出，把工业学大庆的群众运动推向一个新的阶段，为普及大庆式企业而奋斗。3 月，袁宝华在物资部门学大庆座谈会上讲话指出，开展工业学大庆群众运动，要着重解决好六个问题：批判资本主义倾向，坚持社会主义；建设一个坚持党的正确路线、团结战斗的领导班子；建设一支又红又专的铁人式的革命化队伍；发展经济，保障供给，做生产建设的促进派；艰苦奋斗，勤俭建国，大力挖掘物资潜力；依靠群众建立和健全合理的规章制度。学大庆，要结合各部门的实际，提出本部门的具体的工作路线、方针、政策和方法。4 月 20 日，全国工业学大庆会议在大庆隆重召开，时任中共中央主席、国务院总理的华国锋主持开幕式，李先念副总理致开幕词，会议代表共有 7 000 多人，大会共开了 20 多天，在北京举行了闭幕式。当时的党和国家主要领导人都出席了开幕式和闭幕大会。与会代表畅谈学大庆的经验和成效，探讨企业领导班子建设和企业整顿的途径，在许多重大问题上达成了共识。会议指出：要加快工业发展，必须狠抓企业整顿，首先把那些关系国民经济全局的重点企业领导班子整顿好；各个企业要以大庆为榜样，切实加强企业的思想政治工作，要像大庆那样抓好社会主义企业管理；广泛开展劳动竞赛，掀起增产节约新高潮，使各项技术指标尽快达到本企业乃至国内最好水平；学不学大庆，是走不走自己工业发展道路的问题；在“五五”计划期间，按评比大庆式企业的六条标准，把全国 1/3 的企业建成大庆式企业。这次会议授予“大庆式企业”、“全国先进企业”称号 2 126 个，“全国先进生产者”称号 385 人。这次工业学大庆会议，对于肃清林彪、“四人帮”在经济建设领域散布的各种谬论，调动广大工人群众的生产积极性，扭转国民经济发展的被动局面，掀起社会主义现代化建设高潮，都起了十分重要的作用。

从“文化大革命”的混乱中刚走出来的我国企业，仍有相当一部分亏损严重，无法走出困境。1977 年 7 月，国务院成立扭转企业亏损增加盈利领导小组，谷牧任组长，姚依林、张劲夫、袁宝华担任副组长。领导小组进行了大量的调查研究，决定对于长期亏损企业，要制定限期改变面貌，仍不能改正的则要调整领导班子；要制定扭亏规划，限期转亏为盈；要发动群众，打一场扭亏增盈的攻坚战；严格财经纪律，严禁弄虚作假。通过各方面的努力，企业亏损面开始缩小，企业活力明显增强。各省、市、区也都建立了相应的领导小组，督促企业扭转亏损局面。8 月，中共十一大在北京举行。袁宝华当选为中央委员会候补委员。

1977 年 12 月访问英国，会见保守党领袖撒切尔夫人，左一袁宝华，左二撒切尔夫人，右三李强，右二宋之光大使。

1978 年 2 月，五届人大一次会议决定恢复成立国家经济委员会，袁宝华参与了国家经委的恢复组建工作，新成立的经委的许多干部都是他从各个部门和单位要来的。经委主任由康世恩副总理兼任，袁宝华出任党组副书记、副主任。国家经委恢复成立后，大大加强了国家对全国生产管理和企业管理的职能。在经委的统筹安排下，企业的改革与发展开始走上正常的轨道。袁宝华除了协助康世恩负责全面工作外，他还把主要精力都用在了企业整顿和企业改革上。

1978—1982 年是企业的恢复性整顿时期。在国民经济“调整、改革、整顿、提高”方针的指导下，企业整顿有了良好的开端。各地在整顿企业中，加强了企业领导班子建设，恢复和建立了企业正常的生产秩序、工作秩序，狠抓了以提高产品质量为中心的各项基础工作，在部分企业中推行了全面质量管理、全面经济核算和全员培训，使很多企业的管理工作逐步走上了正轨。1979 年 3 月，李先念找袁宝华，提出国家经委应认真研究一下扩大企业自主权问题。袁宝华立即组织力量进行调查研究，特别是研究企业扩权的实际要求，在此基础上提出“扩权 10 条”。在 4 月召开的中央工作会议上，企业“扩权 10 条”得到了中央的认可。同月，经委召开企业管理改革试点座谈会，与会的企业代表对“扩权 10 条”都表示热烈拥护。7 月，国务院发布了《关于扩大国营工业企业经营管理自主权的若干规定》等 5 个文件。5 个扩权文件对企业来讲，是长久渴望得到的一场甘霖，在当时企业没有自主权利、企业自我改造和自我发展能力的情况下，这无疑为企业的发展注入了活力，有效地调动了企业的生产经营积极性。

1979年8月，参加全国稀土工作会议。图为方毅（右二）、袁宝华（右一）、高扬文（右三）在会议上。

到1979年底，全国企业恢复性整顿工作取得很大成绩，县属以上企业中建成大庆式企业的有10 000多个。与此同时，企业整顿工作的进展并不平衡，少数企业经过整顿面貌有了明显改观，但距现代化企业管理的要求仍有很大差距；多数企业有所改进，但改进不大。相当多的企业程度不同地存在着领导班子软弱涣散、思想政治工作薄弱、机构臃肿、劳动纪律松弛、经济效益低等现象。这种现象如果不能得到彻底纠正，我国国民经济发展的速度和质量都不可能提高。

1981年3月，袁宝华接任国家经委主任一职。摆在他面前的主要工作，就是继续加大企业整顿的力度，进一步改革和完善企业领导体制和各项规章制度，确保国民经济的良性运行。袁宝华要求经委深入调查研究，为党中央、国务院对企业领导

1980 年 5 月，考察联邦德国杜塞尔多夫证券交易所。中袁宝华，右三马洪。

体制的改革提供方案。他自己带头进行调查研究，带头探索和推进企业改革，带头为党中央、国务院的决策提供方案。

在总结以往历史经验的基础上，中央决定首先从企业领导制度改革着手，加快企业整顿工作。党中央明确提出了“党委集体领导、职工民主管理、厂长行政指挥”的原则，并于 1981 年、1982 年先后颁发了三个条例，即《国营工业企业职工代表大会暂行条例》、《国营工厂厂长工作暂行条例》、《中国共产党工业企业基层组织工作暂行条例》。贯彻执行这三个条例是健全和完善企业领导制度不可分割的组成部分。企业党委主要是认真贯彻党的路线、方针、政策，掌握企业的社会主义方向，讨论决定企业的重大问题，加强党的建设，做好思想政治工作。企业的厂长（经理）统一指挥，全面负责生产经营方面的活动。为解决好企业中存在的党政不分、党委包揽行政事务和厂长不敢大胆负责的现象，1982 年党中央明确规定：党委书记一般不兼任厂长，厂长一般也不兼任党委书记。三个条例的全面贯彻执行，推动我国工业企业的制度逐步完善。

1981 年袁宝华相继召开了一系列全国性和地区性会议，讨论企业整顿问题。2—3 月，经委与国务院体改办在北京召开了工业管理体制改革座谈会，会议认为，搞好整顿必须解决好以下五个问题，一是正确理解和全面贯彻调整方针，立足现有企业，搞好挖潜、革新、改造；二是搞好工业结构、产品结构和组织结构的调整；三是搞好企业的关停并转；四是加强规划、上下结合、统一行动；五是要有统一的、强有力的调整工作机构。4 月，国务院同意并批转了这个座谈会的汇报提纲和三个附件，三个附件是《关于工交企业改组、联合的情况和今后的意见》、《关于在调整中把扩大企业自主权试点工作进一步巩固提高的意见》和《关于在调整中进一步抓好企业整顿、改善经营管理的意见》。在这一个月中，袁宝华还专门在天津、上海召开会议，征求大家对工业管理体制改革的意见和建议。在上海召开的工交工作会议上，他提出工交企业要向农村改革学习，实行经济责任制。5 月，经委召开全国企业民主管理座谈会。7 月，经委召开企业整顿工作座谈会，会议分析了当时企业存在的问题，提出了企业整顿的六条标准。要求所有企业要按照整顿工作的六条标准对照检查自己。

推行经济责任制是深化企业整顿的重要一环。8 月，袁宝华在《工业企业推行经济责任制要注意解决的几个问题》的讲话中指出，要认真加强调查研究，不断总结经验，热情支持，因势利导，既积极又稳妥地推行经济责任制健康地向前发展，避免一哄而起。一哄而起，搞不好往往就是一哄而散，这是多年的经验教训。因此，必须首先端正思想，要继续清除“左”的思想影响，下决心解决吃“大锅饭”问题；要破除旧的习惯势力，进一步解放思想，大胆探索；要在具体政策上不“卡富”、“限富”；要着眼于挖掘企业的潜力，找出提高经济效益的新路子。他指出实行经济责任制，要处理好国家、企业、个人三者的利益关系，要与企业整顿结合起来，要与管理体制改革、扩大企业自主权结合起来，要加强计划指导和国家监督。在袁宝华和国家经委的积极推动和正确指导下，到 1982 年初，企业的恢复性整顿目标基本实现。

1982 年，国家经委也经历了一次较大的机构调整和改革。据有关资料显示，1981 年国务院有工作部门 100 个，达到了建国以来的最高峰，臃肿的机构已经不能适应改革开放和经济社会发展的需要，部门重叠、职能交叉、相互扯皮现象日益严重，政府机构亟待改革。这一次机构调整是改革开放以来政府机构第一次较大的改革。5 月，中央决定组建新的国家经委，撤销国家机械委、能源委、建委、农委和国务院财贸小组，将这些部委的职能都合并到经委来。任命国务委员张劲夫兼任经委主任，吕东任党组副书记、第一副主任，袁宝华任党组副书记、副主任。这次调整，一大批经验丰富的老干部都离开了工作一线，领导干部数量大大减少。原来六个委（组）领导干部共 37 人，调整后减少到7人；局级干部147人，减少到86人。新组建的国家经委职权范围扩大了，职能增强了，袁宝华主要负责的企业整顿工作也更好开展了。这年9月，中共十二大召开，袁宝华当选为中央委员。

1982年我国企业改革进入全面整顿阶段。中共十二大明确提出，经过艰苦努力，在指导思想上完成了拨乱反正的艰巨任务，在各条战线的实际工作中取得了拨乱反正的重大胜利，今后的任务就是全面开创社会主义现代化建设的新局面。年初，中共中央、国务院发出的《关于国营工业企业进行全面整顿的决定》，实际上就是为全面开创社会主义现代化建设新局面实施的重要步骤。《决定》提出：企业全面整顿是建设性的整顿，除了当前首先要做好围绕提高经济效益的五项工作外，还要有一个系统的、全面的建设规划。要认真总结和吸取过去建设"五好"企业、"大庆式"企业等行之有效的经验，把企业的整顿和建设紧密结合起来进行。企业整顿的基本要求为：搞好三项建设，达到六好要求。"三项建设"即通过全面整顿，逐步地建设起一种又有民主、又有集中的领导体制，逐步地建设起一支又红又专的职工队伍，逐步地建设一套科学文明的管理制度；"六好要求"即通过"三项建设"使企业能够正确地处理国家、企业、职工个人三者的经济关系，出色地完成国家计划，成为三者兼顾好、产品质量好、经济效益好、劳动纪律好、文明生产好、政治工作好的六好企业。

国务院为此专门成立了全国企业整顿工作领导小组，袁宝华任组长，全面负责企业整顿工作。在几年间，领导小组共召开了40次例会，几乎每月一次。整顿工作在领导小组的强有力领导下，顺利地开展。

1983年5月，到大同矿务局云岗矿调查研究。

企业的全面整顿，是对企业工作进行综合治理，包括整顿领导班子、职工队伍、管理制度、劳动纪律、财经纪律、党的作风和加强思想政治工作等一系列工作内容。当时提出围绕提高经济效益，着重做好五项工作：第一，整顿和完善经济责任制、改进企业经营管理，搞好全面计划管理、质量管理和经济核算工作；第二，整顿和加强劳动纪律，严格执行奖惩制度；第三，整顿财经纪律，健全财会制度；第四，整顿劳动组织，按定员定额组织生产，有计划地进行全员培训，坚决克服人浮于事、工作散漫的现象；第五，整顿和建设领导班子，加强对职工的思想政治教育。

按照中央的规划要求，全国2 000个大中型骨干企业要在两三年时间内，扎扎实实地、分期分批地完成整顿任务。

在中央下达关于企业全面整顿任务后，国家经委和全国企业整顿领导小组在袁宝华的领导下，坚持不懈地组织推动这项工作。每年都召开一次整顿工作会议，每月召开一次国务院各部门企业整顿工作会议。所有这样的会议，袁宝华都一定要参加并直接主持。每年的会议都确定一个明确的主题，围绕这个主题进行研讨，统一思想，协调步骤。例如：1982 年突出强调企业整顿工作要敢于碰硬，领导班子要选明白人；1983 年强调提出企业整顿要以提高经济效益为中心；1984 年提出抓改革促整顿，把落实配套改革措施同企业整顿结合起来，按照改革要求抓好整顿工作；1985 年强调要保质保量、善始善终地完成企业整顿任务。截至 1985 年 7 月，列入全国整顿规划的预算内国营企业已累计验收合格 92.2%，其中大中型骨干企业已验收合格 99.3%，只剩下 26 个企业尚未验收。

从整顿的质量和效果看，总的情况是好的。企业领导班子普遍进行了整顿，一大批优秀的符合“四化”（即革命化、年轻化、知识化、专业化）条件的中青年干部进入了企业各级领导班子；企业内部经济责任制不断完善，许多企业逐步实行了以承包为主要内容的多种形式的经济责任制；分配上吃“大锅饭”和平均主义现象有所克服；企业管理基础工作普遍得到加强，规章制度进一步健全；劳动组织有所改善，厂风厂纪和职工精神面貌发生了显著变化；经过整顿的企业经济效益普遍好于整顿前的水平。总之，整顿促进了企业素质和经济效益的提高，为推进企业管理现代化创造了有利条件，也为促进国民经济的发展和经济体制改革的顺利进行打下了良好的基础。

在企业全面整顿过程中，袁宝华每年都要花费大量的时间进行调查研究，他深入到企业、车间和工人群众中去，同他们一起探索搞好企业整顿的办法；他召集各种座谈会、经验交流会，及时掌握整顿情况，集思广益；他发表了大量文章和讲话，针对整顿中提出的问题，及时给予指导和帮助；他站在整顿工作的最前沿，坚决支持企业的改革与发展，为落实企业的合法权益大声疾呼。企业全面整顿的四年，是袁宝华一生中最为繁忙的四年，也是他心情舒畅、愉快工作的四年。

1983 年 5 月，到准噶尔旗黑岱沟露天煤层调查研究。

在组织领导我国企业改革与发展的同时，袁宝华还曾兼任中国职工教育委员会主任、国务院综合口整党领导小组组长、全国安全委员会副组长等职。在中共十三大当选为中央顾问委员会委员。

改革开放以来，袁宝华为推动企业改革与发展，还做了大量的工作。职工教育是袁宝华狠抓不放的一项重要工作。“文化大革命”结束后，我们面临的一个十分紧迫问题，就是职工文化技术水平低，如果不能在较短时期内尽快提高职工的技术水平，就会拖四个现代化的后腿。据调查，到1977年底，全国工交企业职工的技术等级平均只有三级；据北京的调查表明，当时职工中初中和小学文化程度的占80%；许多技工学校被停办或改作他用。1978年8月，袁宝华在国务院务虚会议上作了《提高职工技术水平是当务之急》的发言，深得李先念等国务院领导的赞同，会后立即决定在经委设立经济干部教育局。袁宝华在这个发言中指出，现在世界上正经历着一场伟大的技术革命，它广泛地推动着生产技术的飞跃发展。为了赶上和超过世界先进科学技术水平，提高劳动生产率，加快四个现代化的步伐，必须大力提高我国职工技术水平。有先进的技术装备，没有与之相适应的技术操作水平和管理水平，就是有充足的原材料、燃料、动力和其他生产条件，也是不行的。加强技术培训、提高职工技术水平，是一项刻不容缓的工作，是当务之急。会后，提出了对职工进行“双补”，即文化补课和技术补课。

为有效推动这项工作顺利展开，1980年中央决定由国家经委、全国总工会和教育部三家联合成立全国职工教育管理委员会，袁宝华担任主任，臧伯平、宋侃夫为副主任。职教会成立后的首要工作，就是集中力量对职教情况进行调研，向中央、国务院提交报告。1981年2月发出了《中共中央、国务院关于加强职工教育工作的决定》。职教会在袁宝华的领导下，下最大决心力争在“六五”期间有计划、有步骤地把职工普遍培训一遍，有效地提高职工队伍的政治思想、科学文化、业务技术和经营管理水平，从而在全国掀起了大规模进行全员培训的新局面。职工参加学习人数之多，热情之高，是建国以来少有的。据不完全统计，五年培训职工上亿人次，基本完成了3 000多万青壮年职工的“双补”任务，有2 037万人初中文化补课合格，占应补课人数的79.9%；1 595万人初级技术补课合格，占应补课人数的74.4%，均接近中央规定完成60%～80%补课任务的高限要求。1985年以后，职教会配合企业升级，工作重点转向提高企业职工素质上来。

1981年12月，在太原召开的全国职工教育座谈会上作报告。

我国社会主义经济建设必须十分重视安全生产，这不仅是维护国家财产和生产秩序的要求，更是保护广大职工当家作主权益的要求。改革开放以来，袁宝华高度重视安全生产，他曾担任全国安全生产委员会副主任，花大力气来推动全国的安全生产工作。他在每年的全国安全生产工作会议上都不断强调安全生产的重要性，并把安全生产提到越来越重要的地位。他在1981年6月指出，一个社会主义企业的领导人，其主要职责不仅是努力完成和超额完成各项任务，而且要搞好安全生产管理，保护职工的安全健康，在抓生产的同时要抓好安全工作。这就要求企业领导亲自抓安全工作，把安全工作纳入计划，要有制度保证和组织保证。1983年3月又进一步强调指出，要坚持贯彻“安全第一、预防为主”的方针，克服安全与生产“两张皮”的现象，安全为了生产，生产必须安全。1986年10月，袁宝华提出安全生产要年年讲月月讲。他提出加强安全生产必须建立各级安全生产责任制，完善安全管理规章制度，加强安全检查、监督工作，形成安全管理体系等。1987年，哈尔滨亚麻厂发生严重的粉尘爆炸，袁宝华十分痛心，他严厉地批评了有关责任人，深感我国的安全生产形势不容乐观，借此事故反复宣传安全生产的重要性，不断提醒企业树立安全生产意识。

质量问题也是我国工业生产长期面临的一个大问题。从1977年开始，袁宝华积极推动每年9月在全国开展“质量月”活动，他发起成立中国质量协会。他一再强调指出，“质量月”决不是一个月的事，而是要每时每刻都要抓紧的事。“质量月”对加强全民的质量观念，提高质量管理水平和产品质量水平，都起了重要作用。

在繁忙的工作之外，袁宝华还曾担任第二次全国工业普查领导小组副组长，具体组织实施了这次规模庞大、意义深远的工业普查工作。这是一次重大的国情国力调查，编印出了建国以来最为完备的工业资料，填补了我国经济社会信息方面的一个空白。这项工作从 1983 年 11 月开始，到 1989 年才结束，前后历时六年。这次工业普查有助于深化对我国工业经济和技术状况的认识，揭示了带有规律性的一些基本矛盾和重要问题，也为解决这些矛盾与问题提供了所需要的资料。

1986 年以后，随着企业整顿的完成，我国的企业改革工作进入一个新的阶段，即企业升级阶段。国务院颁布的《关于加强工业企业管理若干问题的决定》提出，“七五”期间要抓紧搞好“抓管理、上等级、全面提高素质”的企业升级，把提高产品质量、降低物质消耗和增强经济效益作为考核企业管理水平的主要指标。为此，国务院成立了加强企业管理领导小组，袁宝华担任组长。他在 1986 年 7 月题为《切实做好企业升级工作》的讲话中指出，企业升级是企业整顿的继续和发展，是推进管理和技术进步的一种新形式。从企业整顿到企业升级，目的在于改善和加强企业管理，提高企业素质，提高经济效益。企业升级的重点是要突出质量、消耗和效益的考核指标。要正确处理企业升级与改革、与技术进步和管理现代化、与精神文明建设的关系。1987 年 6 月，他在国务院各部门加强企业管理工作第五次例会上讲话指出，企业升级要从管理抓起。

1987 年 7 月，到新疆八一钢厂调查研究。

提高企业素质，一靠技术进步，二靠加强管理。从我国多数企业现状来看，技术落后，管理更落后。提高企业素质，首要问题在于抓好企业管理工作。1988年初，针对一些人认为政府行政干预企业升级太多的问题，袁宝华明确指出，企业升级是市场体系形成前国家管理企业所采取的一种行政手段，这种行政手段在当时是必要的。同时，也要十分注意把这种行政手段所产生的副作用减少到最小限度，不给深化企业改革带来新的障碍。广大企业正在由“要我升级”逐步转变为“我要升级”。企业学习和实行现代化管理的积极性空前增强。经过几年的努力，企业升级工作取得了突出的进展。1988年全国人大通过了《企业法》，企业改革与发展进入一个新的阶段。

经过袁宝华等人十年不懈的艰苦努力，通过企业恢复性整顿、企业全面整顿和企业升级三个阶段的大量复杂而卓有成效的工作，我国企业改革与发展呈现了可喜的变化，他把这种变化概括为十个方面，即：一是企业经营思想从适应产品经济的封闭型向适应社会主义商品经济的开放型转变；二是企业经营机制由缺乏生机向增强活力的方向转变；三是企业领导人员由行政型向经营型转变；四是企业领导体制由党委一元化领导向厂长负责制转变；五是企业组织由单一形态向多元化转变；六是管理重点从着重对物的管理向以人为中心的现代化管理转变；七是质量管理由单纯的质量检验向全面质量管理转变；八是管理技术由传统型向科学化、现代化转变；九是战略规划由单纯完成国家计划向主动适应市场需求转变；十是企业建设由单纯重视物质文明向双文明建设转变。

1988 年 4 月，在新一轮国务院机构调整中，国家经委与国家计委合并，组建新的国家计委。国家计委被定位为高层次的宏观管理机构，不再承担微观管理和行业管理职能。袁宝华从 1960 年到国家经委担任副主任，前后在经委工作了近 30 年，他对国家经委与国家计委合并，有自己不同的看法，也向当时的中央负责人表达了他的担心。在我国，国民经济长期计划重要，需要有机构抓；年度计划和国民经济运行也很重要，也需要有机构抓。过去国家计委和国家经委分别承担不同的工作内容，工作有交叉、有矛盾，但是工作不会耽误。政府不能没有机构抓年度计划、工业生产和国民经济运行，但是他还是表示理解中央的机构调整思路。

1988 年 6 月，从一线领导工作岗位退下来，继续为党和人民勤奋工作。

这一年，袁宝华已经 73 岁了。从繁忙的工作一线解脱出来，他有了更多的时间思考我国经济建设的全局性、战略性、前瞻性问题，也有了更多的时间与中国人民大学的广大师生、与全国各地的优秀企业家们在一起了。他给自己规定了这样的工作：坚持每周深入到一个企业调查研究，每个月召开一次厂长（经理）座谈会，做力所能及的调研工作。他说到做到，这样的工作坚持了许多年。

袁宝华就是这样保持着密切关注社会经济发展，紧密联系各个方面群众，不断思考改革发展问题的良好习惯。他经常深入到企业改革发展的第一线，倾听企业管理工作者和广大群众的意见，并经常把各种好的意见和建议转达给中央负责同志。例如，1990 年 7 月中央经济工作座谈会在北京召开，江泽民总书记主持会议。袁宝华参加了这次会议并就调整经济结构发了言，他拥护中央调整经济结构的决策，提出在调整中有三条一定要坚持：一是增强宏观调控能力，二是发挥市场调节的作用，三是大力进行企业的技术改造和新产品开发。

1990 年 9 月，朝鲜人民民主共和国主席金日成会见中国共产党的干部代表团。前排左二起：傅崇碧、高扬、金日成、袁宝华、梅益。

他一如既往的关心企业改革和企业管理，他在《求是》杂志 1995 年第 4 期上撰文《一定要认真抓好企业管理》。他针对一段时期以来企业管理工作出现滑坡、对企业管理工作的急迫性和重要性认识不那么鲜明、一些企业管理与社会主义市场经济要求相差很远等现象，提出一定要抓好企业管理，他说这是邓小平 1980 年对他的嘱托。他总结了我国企业管理工作的八条基本经验，提出了加强企业管理工作的八项要求。八条基本经验是：认识企业管理的生产力属性，加强企业管理有利于生产力的发展；坚持解放思想，实事求是，一切从企业实际出发；管理出效益，只有扎实地抓管理、练内功，才能提高企业竞争力；人的因素第一，发挥人的积极性，提高职工素质；处理好管理与改革的关系，企业深化改革的重点是三项制度改革，要把竞争机制引入到企业三项制度管理中来；民主管理，在发挥经营者的积极性的同时，尊重群众的首创精神，把职工的积极性引导好、保护好、发挥好；善于向国内外企业学习，以我为主、博采众长、融合提炼、自成一家；表彰先进，推动企业管理水平进一步提高。八项要求是：明确企业管理目标，克服管理是“软任务”思想；强化管理基础工作，管理要制度化、规范化、标准化，尤其要重视班组建设；强调从严管理，提倡一丝不苟；调动职工积极性是企业活力长盛不衰的重要源泉；进一步加强企业党组织的政治优势，加强职工思想政治工作；企业管理机构应力求精干、高效、科学、适用；不断学习与创新；加强企业家队伍建设。在《求是》同年第 10 期上，他又撰文《依靠全体职工办好企业》，指出我们想问题、出主意、作决策、办事情，都要全心全意依靠工人阶级。依靠全体职工办好企业，首先必须明确三个基本出发点，即职工是企业的主体，职工是公有制企业的主人，企业活力的源泉在于脑力劳动者和体力劳动者的积极性、智慧和创造力。提出各级领导机关都要树立以人为本的观点、群众路线的观点、用思想政治工作调动职工积极性的观点和依法保护职工权益的观点。他的这些总结和要求都具有很强的针对性，对于正确引导和深化企业改革，加强企业管理都具有重要意义。

中共十四届五中全会提出我国经济要实现两个根本性转变，即经济体制从传统的计划经济向社会主义市场经济体制转变，经济增长方式从粗放型向集约型转变。这是攸关我国经济发展的重大决策，袁宝华十分赞赏，他专门撰文指出两个根本性转变的关键是转变思想观念。他认为，不仅企业领导人的思想观念要转变，全体职工的思想观念要转变，与企业外部环境有关的单位和相关部门的思想观念也要转变。他还具体提出要转变的思想观念是：转变在计划经济体制下形成的思维方式，只管生产、不管经营，只考虑上面下达计划、不考虑市场变化等；转变不重视效益的观念，高投入、低产出的老路不能再继续走下去了；转变“等靠要”的陈旧观念，树立起靠自己、靠内力、靠动员全体职工发挥自己聪明才智的思想；坚定树立走改革开放之路的观念，改革中出现的问题只有坚持改革之路才能解决；加强企业内部管理，向管理要效益，管理是投入极少、甚至不用投入就能多出效益的最有效途径。

1997年9月，在中共十五大会议上与江泽民亲切交谈。

他在1998年最早提出用邓小平理论振兴中国管理科学，他以切身体会和历史经验告诫大家，在从计划经济向市场经济转轨中，振兴管理科学尤为重要。不同时期总是有各种东西冲击企业管理，危害很大。如在推行放权让利时，出现了“以放代管”、“以让代管”；在推行承包制时，出现了“以包代管”；后来还出现“以改代管”。这些都说明人们还没有认识到企业管理在经营中的重要性。

袁宝华还十分关心国家计委的工作，总是毫无保留地把自己的宝贵经验和建设性意见提供出来。1999年4月，他在计委的一个座谈会上提出：计委职能的转变关键是作风的转变，希望大家多学习，许多领导一天到晚忙工作而没有时间学习的问题值得注意。不学习，靠吃老本，思想观念、业务技能就不能适应计委这样的机关要求。对计委的工作，他提出了三点建议：一是精兵必须简政。不能光精兵，不简政。不简政，忙于事务兵也难精。不能简政的源头在上面。现在领导同志每天的活动，大部分时间是在会议室，所以要减少会议。简政的另一个措施是下放权力，把应放下去的权下放，不仅人家也可以干好，而且也减少了计委很多不必要的具体工作。要上堵源头，下放权力。二是进一步发扬计委调查研究的好传统。计委向来重视调查研究，多少年来都是计划下达后，深入基层进行调查研究，看看计划符合不符合实际，这个好传统要保持。机关工作最怕的就是情况不明，胆子却很大。三是要发扬“踱方步”精神。计委是重要的决策参谋部门，不能跟着别人头脑发热或发冷，一定要像陈云同志讲的那样，领导同志要学会“踱方步”，遇事多思考，否则就不利于考虑更长远的问题。不能审时度势地考虑问题，匆匆忙忙决策，出了大事，悔之晚矣。计委必须从那种“热锅上的蚂蚁”状态下摆脱出来。袁宝华的这些建议，可以说是发自肺腑，振聋发聩。

2000 年初，他在国家计委老同志座谈会上的讲话中，再次对计委工作提出了殷切希望，他希望计委与其增加国务院领导同志的负担，不如计委自己多主动承担一些，计委就是要承担党中央、国务院交给的重任，要从源头来“简政”；提出越是下放权力，越是要加强监督，建立重大项目稽查特派员制度非常重要；要提高干部的整体素质，要重点培训省、市、区计委主任，发挥好他们的作用，使工作处于主动地位；发挥计委的作用，关键是要发挥集体的力量，这样作用才能更大，力量才能更强；搞市场经济，不能不要计委，不能不要宏观调控，加强宏观调控比什么都重要。这些建议，对于许多国家计委的领导干部，可以说都是十分亲切和中肯的。

正是因为袁宝华对国家计委和国家经贸委（2003 年，国家经贸委和体改委并入国家计委，改称国家发改委）工作的这种关心和支持，这些部门的许多领导同志遇到问题，都愿意找他商量，向他请教，把袁宝华看作是他们的师长和朋友。

第十章

负责起草和制定《企业法》

1988年4月13日，全国人大七届一次会议审议通过了《中华人民共和国全民所有制工业企业法》（简称《企业法》），决定于同年8月1日开始实施。作为《企业法》起草领导小组副组长的袁宝华，终于长舒了一口气。回想起《企业法》十年起草过程以及其中的风风雨雨，袁宝华不禁感慨万千。

《企业法》是全民所有制工业企业的行为规范，它规定了企业内部和企业外部经济关系的行为准则。所谓企业内部关系，主要是指企业厂长与党组织、工会组织、团组织、职工群众之间的关系等；所谓企业外部关系，主要是指企业与国家（即所有者、所有者的代表机构）、企业与所在地政府的关系等。改革开放以来，在领导企业整顿的过程中，袁宝华深感必须对企业的经济活动以及企业内部、外部关系进行规范，用法律的形式确定下来。

但是，《企业法》究竟应该怎样确立企业的地位，厂长在企业中的地位与作用应该怎样规范，这在当时都存在着不同的认识。《企业法》从酝酿、起草、修改到最后通过，前后经历了将近十年的时间。讨论的时间长，不同的意见多，先后拟订的稿子不下20次。在全国人大通过的许多法律草案中，《企业法》的起草与通过要算难度最大的一个，这在我国经济立法史上也是不多见的。袁宝华后来在谈及《企业法》时，曾深有感触地说：因为《企业法》是我国的一部基本法，是需要花一点气力，需要一定的酝酿时间，需要一个反复实践、认识、再实践、再认识的过程。

制定《企业法》是袁宝华多年的愿望。在企业中不实行厂长负责制，其结果是企业无人负责、无法负责、无力负责，企业活力无从发挥。早在 1978 年，邓小平就提出了立法的建议，他在《解放思想，实事求是，团结一致向前看》的报告中，提出“为了保障人民民主，必须加强法律建设。必须使民主制度化、法律化”。他提出要制定一批经济法，其中包括《工业企业法》（工厂法），要注意研究和解决管理方法、管理制度、经济政策三方面的问题，涉及经济管理体制、下放管理权、明确责任制、打破平均主义大锅饭等内容，这实际上为制定《企业法》确立了基本指导思想。

1979 年初，彭真恢复工作并担任全国人大法制工作委员会主任不久，就找袁宝华和时任全国人大法制工作委员会副主任的顾明谈话，说到邓小平提出企业领导体制要改革，要改变党委领导下的厂长负责制，要彭真牵头起草《工厂法》、《经济合同法》等法律。1980 年，在时任全国人大副委员长的彭真主持下，组织了《企业法》起草小组，彭真亲自担任组长，袁宝华担任副组长，开始起草《企业法（草案）》第一稿。这个草案第一稿囿于当时的形势，仍沿用党委领导下的厂长负责制，没有能在这个问题上突破。同年 8 月 18 日，邓小平在谈到党和国家领导体制改革时提出，要有准备、有步骤地改变党委领导下的厂长负责制，或者是董事会领导下，或者是工厂管理委员会领导下，或者是职工代表大会领导下，总之就是要实行厂长负责制。但是，邓小平提出实行厂长负责制，在当时的历史条件下，还是有很多人不能接受。所以，《企业法（草案）》第一稿和1981、1982、1983年先后颁布的《国营工业企业职工代表大会暂行条例》、《国营工厂厂长工作暂行条例》、《中国共产党工业企业基层组织工作暂行条例》和《国营工业企业暂行条例》，都是按照“党委集体领导，厂长行政指挥、职工民主管理”的原则制定的。四个条例对企业实际存在的党政不分、职责不清、多头领导、责权分离等问题，基本上没有触及。

厂长负责制究竟要不要戴上帽子，邓小平一直在思考着这个问题。1983年底，彭真向袁宝华、顾明等转达了邓小平的意见，说邓小平下决心了，工厂企业还是要实行厂长负责制，厂长负责制不要戴任何帽子。并说时任党中央总书记的胡耀邦也是这个意见。袁宝华听了以后十分振奋，深感这就为《企业法》的制定冲破了一个禁区。他深感邓小平抓企业领导体制改革，坚持实行厂长负责制，其最终目的就是促进企业经营机制的改革，促使企业走向市场。1983年年底、1984年年初，袁宝华在几次全国性的会议上向与会者透了风，讲了邓小平提出实行厂长负责制。但是当时有人相信是真的，有人还在怀疑。

1984年，袁宝华跟随已担任全国人大常委会委员长的彭真，在全国范围开展了《企业法》的调查试点工作，这一年是十分紧张繁忙的一年。根据中央领导提出要加快制定《企业法》的指示，彭真委员长率袁宝华等人迅速组织联合调查组开展工作。在不到10个月的时间内，进行了三次比较集中的调查研究。调查组分别到十余个省、直辖市，深入到几百个大中型企业，宣传企业领导体制改革的必要性，考察试行厂长负责制的可行性，倾听地方和企业各方面人士的意见。第一次集中调研是在2月12日至3月5日进行的，彭真与袁宝华一起带领调查组在南方

1984年2月，带领《企业法》起草小组成员到常州调查研究。

的浙江、上海、江苏等地进行了深入细致的调查。4月，胡耀邦主持中央书记处会议，专门听取了调查组的汇报。调查组认为，改革企业领导体制，实行厂长负责制已势在必行，建议进行企业领导体制改革的试点工作。同年5月18日，中央办公厅和国务院办公厅发出通知，决定在北京、天津、上海、沈阳、大连、常州等六城市进行厂长负责制试点。第二次集中调研是在6月29日至8月8日进行的，袁宝华又一次随彭真在东北三省进行

1984年7月，随彭真到大连造船厂调查研究。左二原宪千，左三宋汝棼，左四袁宝华，左七彭真，右三胡亦民。

调查，这次调查收获很大。例如在南方，人们对厂长负责制一般都比较拥护，而东北则反应强烈，许多人仍然心有余悸。过去东北曾严厉地批判过一长制，现在又搞厂长负责制，会不会挨批？在沈阳调研时，有的负责人就直接地问调研组，《企业法》实行了厂长负责制还改不改？彭真、袁宝华一再向大家解释，但仍不能完全打消厂长们的顾虑。这使袁宝华深感实行厂长负责制仍然困难重重。第三次集中调研则是在11月5日至12月2日进行的，这一次是袁宝华带队，11月5日至13日调查组到成都和重庆进行了调查，11月17日至12月2日调查组在常州召开座谈会，并继续在常州、苏州、无锡进行调查。《企业法》起草小组调查研究的成果，都及时报送党中央和国务院。这一年10月举行的中共十二届三中全会通过了《中共中央关于经济体制改革的决定》，《决定》明确提出要实行厂长负责制，指出“现代企业分工细密，生产具有高度的连续性，技术要求严格，协作关系复杂，必须建立统一的、强有力的、高效率的生产指挥和经营管理系统。只有实行厂长（经理）负责制，才能适应这种要求。”这实际上为实行厂长负责制创造了十分有利的条件。

通过调查，起草小组对企业的现状、困难和出路有了更深刻的认识，对于企业领导体制改革、实行厂长负责制有了更充分的信心。特别是通过试点，突出了厂长在企业中的地位和作用，增强了厂长的责任感，企业中党政不分、以党代政的状况有了明显改变。1985 年初，中央书记处在听取调查组第三次汇报时，充分肯定了厂长负责制试点工作，并提出将《企业法（草案）》提请六届人大常委会审议。

1985 年 12 月，到宝钢总厂调查研究。

从1985年1月至1988年1月的三年间，《企业法（草案）》曾经四次提请六届人大常委会审议并修改。应该说，《企业法（草案）》之所以讨论修改这么长时间，还是表明大家对制定这部法律的重视程度不一样，全国人大常委会在审议中还是提出了许多问题，有些问题是草案起草过程中没有写得很清楚的，有些问题是当时人们的认识存在较大分歧无法解决的，但的确也存在着一些传统观念和习惯势力的阻挠。在这三年中，袁宝华多次深入到厂矿企业进行调查研究，召开多种会议听取多方面的修改意见，组织起草小组对草案一字一句仔细推敲。

中共十三大的召开，深刻阐明了建设有中国特色社会主义伟大事业的理论和一系列指导方针与政策，这就为全党进一步解放思想、统一认识提供了理论的基础，也为进一步修改《企业法（草案）》提供了依据。根据十三大的精神，袁宝华等对《企业法（草案）》进行了较大修改，使之有了突破性进展。1988年1月9日，中共中央政治局会议讨论并原则同意了《企业法（草案）》。1月11日，六届人大常委会第二十四次会议审议《企业法（草案）》时，袁宝华作了草案修改的说明。会后，《企业法（草案）》公开登报，广泛征求各方面意见，进一步修改完善。至此，《企业法（草案）》的审议和修改才告结束。七届人大一次会议终于通过了《中华人民共和国全民所有制工业企业法》（简称《企业法》）。

在《企业法》制定和颁布过程中，袁宝华都积极地宣传《企业法》的精神和原则。他指出：《企业法》最核心的问题有

1988 年 11 月，到安庆石化总厂调查研究。

三个：一是实行两权分离，以确立企业的法人地位。原来企业的地位实际是政府的附属物，只有实行两权分离，才能做到政企分开。只有政企分开，企业才得以成为独立自主、自负盈亏的经济实体。换句话来说，也只有政企分开，两权分离才能落实。没有两权分离，也就不能够落实厂长负责制。两权分离是《企业法》的灵魂。二是推进党政分开，实行厂长负责制。这从根本上就是为了适应全党工作中心转移的需要，改变了长期以来实行的企业领导体制，真正使厂长负起责任来，改变党不管党的状况。三是民主管理。解决企业领导人与职工之间的关系，明确全体职工是企业的主人，实行厂长负责制同时要实行民主管理。实行民主管理，是社会主义企业性质决定的，也是厂长负责制的重要内容之一。总之，《企业法》的核心或主要内容，即两权分离，党政分开和民主管理。强调权力和责任的统一，强调企业重大问题决策中民主和集中的统一。掌握权力的人，要对他们使用权力的后果承担一切责任。有什么样的权力就要承担什么样的责任，是厂长负责制的核心。独断专行同厂长负责制没有必然的联系。《企业法》的原则，就是权、责、利相统一。

在袁宝华看来，《企业法》的实施是我国经济体制改革和法制建设的一件大事。《企业法》的制定和颁布，用法律形式明确了我国企业改革的方向，巩固了企业改革取得的重要成果，肯定了我国全民所有制工业企业在改革、开放、搞活中发生的深刻变化。这些变化主要表现在三个方面：一是企业的地位和作用变了。企业不再是一切听命于上级主管部门安排的行政机构附属物，而是逐步成为自主经营、自负盈亏、独立核算的社会主义商品生产者和经营者。二是企业的领导体制变了。企业党组织执行保证监督的职能，不再是企业的决策中心、指挥中心，而是实行厂长负责制，由厂长统一行使经营决策权、生产指挥权和人事权。三是企业的经营方式变了，企业经营不再拘泥于"国有国营"的传统模式，而是依据企业的不同情况，采取承包、租赁等多种形式的经营责任制，并且随着横向经济联合和专业化协作的发展，出现了一批跨地区、跨部门、跨不同所有制的企业群体和企业集团。《企业法》把这些变化肯定下来，标志着我国企业改革正在走上制度化。《企业法》的制定和颁布，还表明我们党开始注意到把自己的主张通过法定程序变为国家意志。这对于巩固和推进企业改革，调整企业内部与外部的各种经济关系，确立具有中国特色的企业制度，无疑具有十分重要的意义。

贯彻《企业法》，决不仅仅是企业本身的事，还是各级政府的事。袁宝华多次呼吁，从企业外部条件来看，必须解决好三个问题：第一，转变政府职能，政企完全分开。现在不必要的行政干预多，层层设卡，截留国家法律赋予企业的权利，企业缺乏自我调节的能力。国家通过法规形式扩大了企业的自主权，但许多权利远远没有落实到企业。各级行政管理部门对企业仍然干预过多，管得过死。企业要想办成一件事，哪个部门都得"拜"到，致使企业效率低下，效益大量流失。企业领导人很难把精力和时间集中于本企业的经营战略、新产品开发和技术进步等生产经营重大问题上。第二，要采取坚决措施，杜绝摊派。现在各种关系户摊派勒索，层层剥皮，实在可算之为一害。企业是块"唐僧肉"，谁吃得多谁"长寿"。最使企业难办的是社会各种组织无穷无尽的摊派。众多的关系户把手伸向企业的口袋里，让你"离不开，惹不起，只要钱，不讲理"，使企业效益大量流失。第三，清除腐败，特别是政府官员的腐败，减少中间盘剥。

《企业法》是我国企业领导体制改革的重大成果，是我国企业建立现代企业制度的重要法律依据。为了制定《企业法》，袁宝华付出了大量的心血。他始终认为，这是他为企业办的一件实事。

20 世纪 90 年代前后，由于北京政治风波的影响，一些人对《企业法》提出了种种责难，许多在企业工作的企业管理人员特别是厂长经理面临着很大的压力。《企业法》还要不要贯彻执行？袁宝华态度十分坚决，《企业法》必须贯彻执行。

1990 年 4 月下旬，袁宝华在上海、广东、江西等地邀请一些企业厂长、书记、工会主席，就《企业法》执行情况举行座谈会，并将他了解的情况和自己的思考写成报告，报送国务院领导。他在报告中明确地谈了自己的意见：一是针对不少人提出要求企业恢复党委领导下的厂长负责制，他鲜明地表明了自己的立场，不赞成改变企业厂长负责制的体制。指出改变党委领导下的厂长负责制为厂长负责制，是发展商品经济的需要，是依法治国治厂的需要，也是建立企业法人制度的需要。厂长作为企业的法人代表，对企业行为以及后果负有法律责任，有利于对内搞活经济，对外开放。这个制度贯彻实施以来出现的问题，应该认真总结，重在完善。二是针对有不少人对厂长有用人权和决策权提出异议，提出企业的干部人选，不仅要党政领导集体讨论，还应该由企业党委任免的观点，他指出党的干部政策和党管干部的原则必须坚持，厂长依法行使用人权也应该保护。赞成中央确定的企业行政中层干部的任免由厂长提名或党委推荐，经过人事或组织部门考查，在广泛听取各方面意见的基础上，经厂长和书记协商后，由厂长主持召开党政领导会议，集体讨论，最后厂长决定任免。三是对于企业职工民主管理中出现的职工民主管理流于形式和企业领导不敢严格管理问题，他明确提出企业实行职工民主管理是一个守法不守法的问题，要健全职代会，依靠职工办好企业，不能用关心职工生活代替职工民主管理权力。强调要敢于管理，不能一讲民主管理，一讲依靠工人阶级，对严格管理就顾虑重重，畏首畏尾，工作不敢抓，违纪不敢管，原则不敢坚持，出现纪律松懈，赏罚不明的现象。四是提出提高企业干部的政治素质已是当务之急，要有领导、有计划地对企业领导干部进行马克思主义基本理论的教育。

1990 年 5 月，到西华山钨矿选矿厂调查研究。

同年 10 月，袁宝华、顾明就《企业法》实施两周年，联名给李鹏总理写了报告。他们指出：《企业法》的颁布和实施，在国内外产生了很大的影响，对强化我国企业管理意义十分重大。它标志着我国全民所有制工业企业由生产型向生产经营型的过渡；标志着国家对企业的管理由单纯的计划、行政管理方式向充分运用法律手段、经济手段等科学化、规范化的综合方式的发展和转变，为发展社会主义有计划的商品经济奠定了坚实的法制基础。两年实践证明《企业法》所宣示的原则及内容既坚持了改革的精神，又符合马列主义原则，体现了我国十年企业改革的成果，具有我国社会主义特色，是一部非常好的法律。

《求是》杂志 1991 年第 2 期刊登了袁宝华撰写的《坚持和完善厂长负责制》的文章，进一步回答了当时出现的一些议论和不同看法。他提出我们搞经济工作和宣传工作的同志，都要认真学习辩证法，学习哲学，防止思想方法的片面性和随意性。正是袁宝华等一大批干部群众，坚定拥护改革开放，坚定支持企业改革，我国的改革开放和现代化事业才越来越深入。

第十一章

企业管理的开拓者，企业家的知心朋友

袁宝华十分重视企业管理工作和企业家队伍的建设，几十年来，他为此付出了大量的心血。特别是中国企业管理协会（1998年改为中国企业联合会，范围更为广泛）和中国企业家协会的成长历程，每一步都凝聚了袁宝华的心血。今天，中企联已经发展成为一个联系广泛、覆盖全国，拥有30个全国性企业团体、40个省、市、自治区企业团体、220个主要工业城市企业团体、会员企业达54.5万家的社会团体。在我国现代化建设和改革开放伟大事业中发挥着越来越主要的作用。

1979年1月，以袁宝华为团长、邓力群为顾问的国家经委访日代表团向国务院上报了《日本工业企业管理考察报告》，报告根据日本的经验，专门提出了一个建议，即由有关部门、厂矿企业、研究单位、高等院校等组织成立企业管理协会。协会主要研究国内外企业管理制度、方法和经验；协助有关部门交流、推广企业管理经验；组织有学者、教授参加的专家团，举办各种管理讲座，帮助企业运用科学方法改进管理和质量，培训企业管理干部；出席有关国际会议，进行国际交流；收集有关情报资料，出版有关杂志、书籍。余秋里、康世恩副总理很快批复了这个报告。3月，中国企业管理协会在北京隆重成立，这是改革开放之初成立的第一个全国性社会经济团体。在成立大会上，康世恩副总理讲话指出：管理是一门科学。没有科学的管理，就没有国民经济的高速度发展。生产技术的现代化和管理的现代化，是现代化建设的两个方面，二者互相促进，缺一不可。大会选举袁宝华担任首任会长，邓力群担任顾问，叶林、孙友余、马洪、薛仁宗、陈宇、邓存伦、张淮三等九人为副会长。

袁宝华对协会的成长与发展倾注了大量的心血。在我国改革开放和现代化建设的每一次重要发展关头，他都要求协会积极参与，调查研究，为党和国家决策献计献策；在每一个重大改革措施出台前后，他又要求协会广泛宣传，做大量细致的企业领导的工作，沟通情况，化解矛盾；在中国企业走向世界、参与国际竞争中，他积极推动中外企业和企业家的交流，热心充当中国企业和企业产品的“推销员”。在袁宝华的领导下，中国企业管理协会和中国企业家协会，坚持为企业和企业家服务的宗旨，将实践性、学术性、社会性、服务性融为一体，开展调查研究、企业经营者培训、企业咨询、报刊出版、信息服务、国际交流等多方位的智力服务，积极开拓一些重要的国际交流与合作渠道。90 年代以来，薄一波一直担任名誉会长，朱镕基、邓力群、田纪云、黄菊、曾志、陈锦华、王忠禹曾担任顾问。邓小平、江泽民、胡锦涛等都长期关心和支持协会的工作，使协会的事业充满着生机和活力。

中企协成立后，配合国家的经济大局，特别是改革开放的大局，开展了大量的组织培训、学习研讨工作。在成立之初，中企协就坚持狠抓企业管理和研究，相继对全国工业城市经委负责人、大企业负责人、走上领导岗位的工程技术人员进行系统的管理培训。仅从1979年3月到1981年7月，中企协就举办了10期企业管理研究班，正式学员1 256人，其中经委系统干部800人，包括省、市、区经委正副主任151人，重点工业城市经委正副主任370人，大型企业负责人132人。康世恩对研究班提出了“解放思想、独立思考、研究问题、总结经验”的十六字办学方针。袁宝华经常亲自担任研究班班主任，与学员们一同探讨企业管理的理论与实践问题。他特别强调对领导干部的培训，进行企业整顿与改革首先必须转变他们的思想观念。他约请了许多领导专家前来为大家讲授，如邓力群、薛暮桥、汪道涵、孙冶方、马洪、于光远、朱穆之、高扬文、廖季立、张彦宁、刘国光、骆耕漠、蒋一苇、季崇威、房维中、柳随年、桂世镛、苏星、林子力、孙尚清等，这个领导专家阵容真可谓顶级豪华、蔚为壮观。许多听过他们讲课的人多年后谈起当时的场景，还是兴奋不已。此后，这个企业管理研究班一直举办了几十期，持续了若干年，培养了一大批经济建设和企业管理急需的人才。与培训活动结合在一起，国家经委与中企协还组织编写了最早的一批培训教材。其中一批是由我国学者组织编写的教材，例如由中国人民大学工经系组织编写的《中国工业管理》、《中国企业管理》发行量都超过了几十万册，企业管理研究班的成果汇集成了《国营工业企业领导制度》、《工业企业思想政治工作》、《工业企业管理基础工作》、《工业企业经济效益》、《工业企业技术改造》、《工业企业经营管理》等，这些都深受读者的欢迎；此外，还组织了一批由美国纽约大学等国外高校教授编写的教材，陆续出版了13册，仅出版发行就接近百万册之多。1984年，由中宣部、国家经委决定，袁宝华担任编委会主任，中企协组织编写的《中国企业管理百科全书》（上、下卷）出版发行，全书收入1 856个条目，312万字。这套书对推动我国企业管理现代化建设意义重大，共发行了40万套。

袁宝华长期倡导要探索建立具有中国特色的企业管理科学。早在1980年3月，袁宝华陪同邓小平会见日本友人时，邓小平就对袁宝华等提出，管理是一门科学，是更带有综合性的科学。

1980年3月，邓小平在会见外宾前与袁宝华谈话。

学习国外先进的科学技术和企业管理，比做生意还重要。1982年3月，袁宝华再次提出要在企业整顿中逐步总结一套适合中国特点的社会主义企业管理制度和办法。他主持召开企业管理现代化座谈会，探讨和研究我国企业管理的理论和实践。1983年1月第一次全国企业管理现代化座谈会召开，袁宝华提出了建立我国企业管理科学必须坚持“以我为主，博采众长，融合提炼，自成一家”的方针，这成为我国企业管理现代化的指导思想。1984年1月召开了第二次全国企业管理现代化座谈会，会议总结出我国企业管理现代化要从思想、组织、方法、手段、人才等五个方面实施，确定了推广18种现代化管理方法。1985年3月召开第三次全国企业管理现代化座谈会，会议讨论了1985年推行管理现代化的任务和草拟《企业管理现代化纲要》，袁宝华从六个方面论述了推行企业管理现代化必须有中国特色。这样的全国企业管理现代化座谈会此后还召开过几次，对于推动80年代我国企业管理现代化，都产生了积极的影响。1995年，他在协会五届四次执行理事会议上提出，中企协很需要集中力量探索建立有中国特色的社会主义企业管理科学。作为管理科学，有继承的问题，有借鉴的问题，也有个创新问题。而中国特色很大程度上在于创新，继承优良传统也要创新，借鉴外国先进经验也要创新，只有进行了创新，才能够真正建立起有中国特色的企业管理科学。

企业在改革与发展中有强烈的信息咨询服务要求。为了开展企业信息咨询服务，袁宝华很早就开始请日本专家来中国进行企业诊断，为企业改革与发展想办法、出主意。1979年10月，中企协就与日本外务省和国际协力事业团协商，邀请30名日本企业管理专家、教授于1980年来中国讲学，进行企业诊断。

中国向日本派遣150名进修生学习企业管理。为此，在国家财政很紧张的情况下，国家经委还专门为中企协申请了培训经费，包括企业管理干部研究班、出国人员语言训练班、管理干部国外进修以及邀请外国专家、学者来我国讲学等项目所需经费，李先念、谷牧、薄一波、康世恩几位副总理都圈阅同意。正是中企协的积极工作，现在不仅外国的一些咨询公司已在我国设立机构，我国也已经有了一支高水平、高素质的咨询队伍。同时，还把中企协办成我国企业家的温暖之家，为企业家提供一个开阔眼界、交流经验、加强联系的重要场所。近30年来，中企协选拔和表彰了一大批优秀企业和优秀企业家，获得“金马奖”的优秀企业和获得“金球奖”的优秀企业家都享有极高的

1990年4月，李鹏出席中企协金马奖、金球奖颁奖仪式，与袁宝华交谈。

荣誉。2005年开始，中国企业管理科学基金会设立并开展了中国企业管理最高奖项——“袁宝华企业管理金奖”的评选活动。这一金奖就是为了表彰和奖励在我国企业管理领域锐意进取、

开拓创新，并在形成体现中华文化的管理方法、管理模式和管理理论等方面作出杰出贡献的中国企业家，就是为了进一步促进中国企业管理思想和管理模式的创新，提升中国企业管理水平和推进具有中国特色的企业管理现代化事业。我国一批知名的企业家先后获得了这个金奖，如谢企华、鲁冠球、常德传、刘玠、宗庆后、周厚健、季克良、孙文杰、曾玉康、谭旭光、宋志平、蔡来兴、侯为贵、于汝民、张喜武、段玉贤等。

协会成立之初，袁宝华就提出中企协工作要遵循的基本原则，即以经济建设为中心，以企业管理现代化为重点，发挥桥梁、纽带作用，当好各级政府和企业的参谋、助手，为企业和企业家服务。例如，在1981年协会第二次年会上，袁宝华提出配合经济调整的“八字方针”，协会要把更多的精力集中到为企业服务方面来，要组织学习先进企业的管理经验，协助有关方面做好职工培训特别是管理干部的培训工作，把提高经济效益作为企业管理的中心内容来抓，逐步走出一条我们自己的企业管理路子来。1993年年初，袁宝华将自己在企业经理座谈会上了解的深圳特区的问题反映上去，这些问题是：近几年特区机构内地化，管理程序复杂化；“条例”贯彻难度大，简政还权关卡多；产权界定不规范，不仅影响企业和职工的积极性，也是造成政府干预企业的深层原因；同一竞技场，规则不统一，影响国家队水平的发挥。这些意见都得到了有关部门的高度重视。在1993年中共十四届三中全会通过《中共中央关于建立社会主义市场经济体制若干问题的决定》后，袁宝华在协会五届一次执行理事会上讲话指出，落实十四届三中全会决定，也是一场革命，革思想观念的命。我们的改革正处于一个关键的时刻，不继续解放思想，就难以前进，我们的经济就不能够发展，机遇就会失掉。他强调企业改革的着重点必须放在深化企业内部改革、强化企业管理、挖掘企业潜力上，要眼睛向内，练好内功。同时要大力促进企业外部的配套改革，为企业创造一个平等竞争的条件，使国有大中型企业放下历史包袱轻装前进，加强对国有大中型企业特别是老企业的投入，转变政府职能。他大声疾呼要防止在政府转变职能过程中“翻牌”公司的出现，要注意权力进入市场的极大危害性。他尖锐地指出，现在有的政府部门，包括一些执法部门的权力进入市场，这对于我们建立社会主义市场经济体制是一个极大的腐蚀剂，使企业吃够了苦头。这年2月，袁宝华严辞批评“翻牌”公司，引起轩然大波，一些人极不乐意，一些人劝袁宝华不要去捅这个“马蜂窝”，但他坚定地说：“我至今不悔，马蜂窝非捅不可！”时任外经贸部部长的李岚清同意袁宝华的分析，指出：“翻牌公司”有时比改革前的部还管得死。搞集团必须是企业在利益一致基础上自愿组合，决不能用行政办法“拉郎配”。这的确是当时存在

2002年2月，李岚清到家中看望袁宝华。

的一大问题。

袁宝华十分关心企业家队伍的培养，热情扶持企业家的成长，谆谆告诫企业家要不断提高修养，不断鼓励和表彰优秀企业家，他是企业家的良师益友。在改革开放初期，袁宝华为企业扩权进行了大量工作。为实行厂长负责制，他深入到许多企业作调查研究，多次向中央提议尽快实行。他认为，要克服企业无人负责、无权负责、无法负责现象，就必须坚决实行厂长负责制。对于企业家，他坚持高标准、严要求，1983 年他主持进行了对厂长（经理）实行国家统考工作。他认为这有助于厂长（经理）从繁重的事务堆里摆脱出来，学点知识，使他们站得高点，看得远点，变被动为主动，减少决策的盲目性。到 1987 年，已有 16 万名厂长（经理）参加了国家统考，这极大地推动了企业领导人领导能力和业务素质的提高。1984 年，他对实行厂长负责制试点的企业领导人提出，厂长不仅业务上要强，有创新精神，敢于大胆负责；政治上也要加强，要懂得党的路线，要有民主作风。1986 年他在《红旗》杂志上撰文指出，实行厂长负责制，对厂长的素质提出了更高的要求。要求厂长有强烈的事业心，有勇于改革创新的开拓精神；要精通生产业务，善于经营管理；要廉洁奉公，联系群众，有民主作风；要能坚持企业的社会主义经营方向，不断开创企业生产经营的新局面。他十分关心青年企业家的成长，曾要求中企协专门为青年厂长（经理）举办研究班，并亲自到会讲话。鼓励他们学习新知识，充分认识自己肩负的历史重任，迅速成长为推进企业现代化管理的积极分子。

袁宝华在加强对企业负责人的短期培训，以提高他们的管理水平和能力的同时，还最早开始学习和借鉴国外比较成熟的工商管理人才培养办法。1980 年初邓小平访问美国，共同签署了《工业科技管理大连培训中心协议书》，决定联合举办大连培训中心。这个中心后来由袁宝华牵头，科技部、教育部和国家经委共同抓，中心的核心课程基本上就是 MBA 课程，是“压缩的 MBA”。1984 年由大连培训中心和美国布法罗纽约州立大学合作举办了第一个 MBA 班，招收了第一批 MBA 学生。与此同时，1984 年 9 月，国家经委与欧共体决定在北京联合举办中国—欧共体管理中心（CEMI）工商管理硕士研究生（MBA）班，学制三年，由欧共体负责聘请专家、教授来华授课，全部课程均用英语讲授。举办这些 MBA 班的目的，就是为了系统了

1985 年 3 月，国家经委与欧洲共同体合办的管理硕士研究班举行开学典礼。

解和借鉴西欧现代化企业管理的理论和经验，利用国外提供的有利条件，培养适应社会主义现代化建设需要的高级经营管理人才。1987 年又招收了第二届工商管理硕士研究生班。袁宝华十分关心这些学生毕业后工作的情况，1987 年 12 月《中国青年报》报道了第一批 MBA 学生很多在实际工作中无法发挥作用时，袁宝华第二天就指示国家经委召开座谈会，要求给予这一批人才发挥作用的舞台。到了 1991 年，教育部批准中国人民大学、清华大学等 9 所高校开始正式招收工商管理硕士（MBA），工商管理硕士（MBA）教育才在我国高校逐步展开起来。今天，我国具有 MBA 招生权限的商学院已经达 182 所，招生人数也大规模增长了。

随着企业家队伍的扩大，袁宝华比以往任何时候都关心这支队伍素质的提高。1990 年 4 月，他在接受《中国企业家》杂志记者采访时就说：企业家不是谁封的，不是主观意志的产物，而是改革的产物，是发展有计划商品经济的客观需要。正是党的十一届三中全会以后，在社会主义条件下改革、开放和发展有计划商品经济的实践中，企业家才应运而生，脱颖而出。我们的企业家不是温室中的花草，而是在大风大浪中拼搏、奋斗出来的，他们都是有觉悟、有本领的企业经营者。我们的社会主义企业家，不仅在业务上要搞好经营管理，而且在政治上要成为清醒的、坚定的革命者。清醒，就是政治上不糊涂。坚定，就是在困难面前不动摇，有决心和信心。1991 年 2 月，他在《光明日报》上发表《改革期待着更多的企业家脱颖而出》的文章，其中呼吁“要造就一大批优秀的社会主义企业家，还有赖于全社会的支持和理解，还有赖于全社会给他们提供有适宜的‘温度’和‘湿度’的成长环境。当他们取得成功时，应当真诚地为他们祝贺；当他们遇到困难时，应给予及时的帮助；当他们失败时不应冷嘲热讽，而应给予理解和鼓励，使他们有信心从跌倒的地方再勇敢地站起来。”这年年底，他在接受《经济日报》记者采访时又讲道：成功的企业家几乎没有不是善于结交人、研究人、理解人、鼓舞人的。而“人”的学问恰恰是最精深的学问。他举了日本松下电器公司创始人松下幸之助的例子，松下先生要与我国洽谈合资办企业，他讲中方投入厂房、人员和共产党的思想工作诀窍，日方投入资金、设备和生产技术诀窍，这两种诀窍同样重要。他认为这对于有志于进一步提高文化素养的企业家们应是有启发的。

1979 年 3 月，会见日本松下公司董事长松下幸之助。

1994年8月，他在一次谈话中指出，一个企业的稳定发展，经营者素质很重要，包括思想素质、业务素质、组织能力和道德情操等。经营者凡事要以身作则，要别人做到的事，自己首先做到，要求别人不做的事，自己首先不做。要有面对困难和克服困难的勇气和魄力。一个企业好比家庭，每个成员，包括经营者本身都要严格要求，经常注意提高自己的政治思想、文化业务素质。他提出，建设一支高水平的企业家队伍，必须完善选拔机制、激励机制、培育机制和监督机制，这四种机制缺一不可。他积极倡导企业家职业化，主张国家制定相应政策来保持企业家队伍的稳定。他建议：制定企业家职业化政策，实行政企分开。企业实行聘任制，能上能下，不拘一格，能者上，庸者下，平者让；改变用政府机关干部的行政级别来规定企业经营者的行政级别，对企业不要再规定行政级别；经营者实行年薪制，经营者的年收入与本企业职工工资水平脱钩，与企业规模、企业利润增幅以及企业资产的保值增值挂钩；企业经营者的离退休年限应有别于政府公务员，既不要再搞过去那种“终身制”也不宜“一刀切”；培养一批毕生为社会主义中国企业奋斗的企业专家。1995年4月，袁宝华在全国企业家活动日上作了《论企业家的修养》的报告，他从10个方面系统地论述了作为社会主义企业家应该具备的基本条件，即：一、天下兴亡，匹夫有责；二、胸怀全局，脚踏实地；三、艰苦创业，无私奉献；四、解放思想，开动脑筋；五、清正廉明，依靠群众；六、疾恶如仇，从善如流；七、谦虚谨慎，戒骄戒躁；八、学而不厌，诲人不倦；九、丢掉幻想，搏击市场；十、锲而不舍，刻意创新。袁宝华还谆谆提醒舆论界要多宣传企业家，要宣传他们的经验、成就和如何办好企业的道路，不要让企业家成为昙花一现的人物。

1998 年 4 月，袁宝华在全国企业家活动日上作了《再论企业家的修养》的报告，集中论述了企业家提高认识、增强信心，加强学习、严于律己，发扬民主、加强监督等问题。首先，他希望国有企业领导人要提高认识，增强信心，正确认识当前的形势与任务，面对那些既绕不开、又拖不得的重点和难点问题，如资金紧张、人浮于事、债务沉重等问题；面对卖方市场转为买方市场、金融体制改革对企业贷款的冲击、国外企业纷纷来中国“抢滩”的竞争，企业领导人的思想就要更开阔一点，看得更远一点，想得更深一点，观察更细致一点，思虑更周全一点。企业的前途命运将更大程度上掌握在企业自己手中，只有不断增强市场意识和竞争意识，自立、自主、自强不息，企业才有生存和发展的希望。他提醒企业领导人在顺境时要保持头脑冷静，不能忘乎所以，放松警惕，要看到将来可能发生的变化；在困难时，不能惊惶失措，丧失信心，要看到企业的优势所在，要树立起搞好企业的信心，利用有利条件并通过发挥企业的优势来走出困境。其次，他希望国有企业领导人要加强学习，严于律己，树立正确的世界观、人生观和价值观，有崇高的理想和高尚的情操，反对庸俗的思想作风。作为社会主义企业家，一定要正确对待权力、地位、金钱，如果不时刻警戒自己，增强自律意识和自我约束能力，就可能在思想上发生蜕变。他告诫国有企业领导人都要做到“少长脂肪，多长骨头”，保持清正廉洁的作风，就是两袖清风、一身正气、廉洁自律和明辨是非。要慎交朋友，他引用《汉书·黄宪传》来告诫企业家要交品格高尚的朋友，黄宪的朋友说“三日不见黄生，则鄙吝之萌复生于心”，可见黄宪对朋友的影响。他希望企业领导人要坚持在工作和生活中做到慎权、慎欲、慎微、慎独，领导干部的思想端正了，下面的工作就好做了。第三，他希望国有企业领导人要发扬民主，加强监督，失去监督的权力往往导致腐败，有效的监督机制和监督办法在任何情况下都是不可或缺的。一个企业家要真正做到自律，必须发扬民主，把自己摆在群众之中，作为群众的一员，自觉把自己置于群众的监督之下，而不是高踞于群众之上。真正清醒的企业领导人都时常查找自己的不足，坚持自重、自省、自警、自励。这些都是袁宝华多年考察和思考的结晶，是对我国企业家素质的精辟论述。联想到这些年来不断有企业家出问题，更感到袁宝华的告诫是多么的重要。

他将多年来论述企业家和企业家修养的文章汇集起来，以《袁宝华论企业家的修养》为名结集成册，赠送给企业家们。许多企业家都把袁宝华当做知心人，工作中遇到什么问题和困难，都愿意向他请教。袁宝华办公室的门，对企业家总是开着的。

袁宝华廉洁自律，两袖清风。他坚决拥护中央严惩贪污腐败的决策，痛斥这些腐败现象是我们这个社会的腐蚀剂，如果

在首都企业家俱乐部五届二次常务理事会议上讲话。

不能及时铲除，必将造成更大的危害。他严格要求自己和家人，时刻保持革命节操。一次，他被邀请到深圳去为一个房地产大楼封顶剪彩，对方送给他一把黄色剪刀。后来发现这是把有几两重的纯金剪刀，袁宝华十分吃惊，立即交给了国家计委。在平时的工作中，袁宝华也总是严于律己，决不接受地方和下级单位的请客送礼，在不能推托的宴请活动中，他从不允许上酒，他也不向客人敬酒。对自己的子女亲属和身边工作人员，袁宝华要求更是十分严格，他决不允许他们借他的名义要求任何照顾

2005 年 3 月，为首都企业家俱乐部成立 20 周年题词。

或捞取任何好处。所以他的子女亲属和在他身边工作的人员，都自觉注意遵守他的教诲，勤勤恳恳，踏踏实实，不用他的地位和名义谋取私利。

袁宝华十分关心祖国统一大业，他经常会见台、港、澳经济界和企业家代表团，听取他们的意见和建议，鼓励他们多到祖国大陆来考察，投资办企业。

在改革开放初期，袁宝华受国务院领导的重托，率中国经济代表团先后访问了英国、法国、日本、美国、联邦德国、瑞士、奥地利等发达资本主义国家。这是“文革”结束后，我国

1979 年率中国经济代表团访问美国，在阿肯色州与时任州长的克林顿交谈。

派出的较早的高规格经济考察团，袁宝华和代表团抱着极大的兴趣，对这些国家的经济发展道路、经济管理体制、重要行业与企业以及政府执行的经济政策等方面，都进行了深入细致的

考察和了解。通过这番考察，袁宝华深切地感到打开了眼界，开阔了思路，对我国的改革开放大有益处。每次回国后，袁宝华总是要向华国锋、李先念等中央和国务院领导汇报，并向中央报送考察报告。在袁宝华和中企协的积极努力下，改革开放初期，我国有关部门和中企协就与日本生产性本部、欧洲管理论坛、美国管理协会、法国企业管理教育基金会、瑞典管理集团等，建立了交流与合作的关系。

如访问日本后，袁宝华组织代表团撰写了《日本工业企业管理考察报告》。这份考察报告结合我国当时企业的实际情况，尖锐地指出：必须下决心从思想上来个大解放，要彻底摆脱小生产习惯势力的束缚，要打掉框框，冲破禁区；在政治上，要长期保持安定团结、生动活泼的局面；在经济上，要坚决改革那些束缚生产力发展的管理体制，实现持久的、稳定的高速度；在经济管理组织上，要把从苏联搬来的那一套行政的组织管理形式，坚决地彻底地改变为经济的组织管理形式；在工作上，要兢兢业业，扎扎实实做好加快实现社会主义现代化的各项基础工作，包括普及和提高教育，加强职工培训，提高全民族的文化科学水平。《报告》指出，日本经济成功的一个重要经验是普遍学习国外先进的管理方法，并结合本国的传统加以消化，创造了一套以提高产品质量和服务质量为中心的、使管理工作全面现代化的、适合日本情况的独特的办法。先进技术和先进管理，是日本经济高速成长的两个车轮。袁宝华与代表团认真地考察了日本公司的组织、企业计划、专业化和协作、质量管理、职工培训、刺激职工积极性的办法和职工的生活水平等。

《报告》提出了许多极有价值的观点。例如，要正确认识企业管理和生产的关系，企业管理的任务既有调整人与人之间关系的内容，又有合理组织生产力的内容。那种把企业管理一概归结为是资本主义生产关系，不能借鉴、不能学习、只能批判的观点是不正确的。要正确认识计划经济与市场的关系，社会主义既然存在着商品和货币，价值规律就起作用，应当利用价值规律的调节作用，把计划经济同市场很好地结合起来。要正确认识公有制与竞争的关系，公有制经济也可以允许竞争，使先进更先进，后进赶先进，同时淘汰极少数长期吃社会主义、拖四个现代化后腿的企业。在改革开放初期，这样一份充满新颖观点和观念、大胆突破禁区的考察报告，在国内经济管理部门所引起的震动是可想而知的。

袁宝华十分关心把我国经济改革与发展的成就和我国的企业介绍到世界舞台上。改革开放以来，他出访了许多国家和国际经济组织，他大力提倡和推动我国企业参与国际经济、技术合作。他广交五大洲朋友，从学者、企业家到部长、总理和国家元首，他从不以地位高低决定亲疏关系，总是以他那种少有的真挚坦诚、儒雅风范、雍容大度和渊博知识，给对方留下深刻印象。他是我国卓越的“经济大使”，更是杰出的“民间外交家”。

世界经济论坛是袁宝华十分重视的一个国际经济组织，其前身是欧洲管理论坛。该组织每年举行一次年会，邀请世界各

1984 年 1 月，在瑞士达沃斯会见加拿大总理特鲁多。

国政要和学者、企业家就共同关心的议题发表意见，交流看法。该组织在国际上的影响越来越大，被称为“非官方的国际经济最高级会议”。1980 年 4、5 月间，袁宝华率代表团访问了欧洲管理论坛，对这个论坛和负责人施瓦布先生都留下了很好的印象。在袁宝华的积极倡导下，中企协与该组织建立了良好的合作关系，每年派出一个部长级小型代表团参加其年会。自 1981 年起每年在北京举行企业管理国际讨论会（1996 年起改称企业高峰会）。1984 年，袁宝华亲率中国代表团参加达沃斯会议，向世界介绍改革开放中的中国经济。此后，袁宝华更加积极地推动我国与世界经济论坛友好合作关系的发展，他多次向我国领导人介绍这个论坛，认为这是我国领导人向世界说明中国发展、介绍中国特色道路、争取更多国际支持和理解的重要舞台。他积极促成了我国领导人李鹏、朱镕基、李岚清、吴邦国等参加达沃斯会议。袁宝华与该论坛主席施瓦布教授建立了深厚的友谊，施瓦布盛赞袁宝华是他认识的所有人中学识渊博、留下印象最深的人。2007年，世界经济论坛与我国在大连开始举办中国夏季达沃斯会议，邀请世界500强与世界最具潜力的增长型企业对话、同各国和地区政府间的对话。中国夏季达沃斯会议必将越办越好。

1996年11月，世界经济论坛主席施瓦布在日内瓦宴请袁宝华。

日本是我国的近邻，袁宝华多次访问日本，结识了许多日本政要和企业家，他与稻山嘉宽、竹下登、松下幸之助、乡司浩平、河合良一、根本二郎等都曾建立起密切的友好关系。他总是尽力发挥他的影响力，促进中日两国经济贸易关系的加强。在改革开放初期，他数次率团考察日本的企业管理、质量管理和产业结构，并在我国企业整顿和企业管理现代化中吸收、借鉴。1997年，他以81岁的高龄，再次率中国企业家代表团访日，主持由双方共同举办的中日第二次产业研讨会。

袁宝华还积极推动中企协与澳大利亚高级经营者组织、国际劳工组织等机构建立广泛联系，目前中企协已同几十个国家和地区、数十家国际组织建立了稳定的联系。袁宝华在中企协接待了包括英国女王丈夫菲利普亲王在内的许多贵宾和国际组织的官员。袁宝华的豁达睿智、长者风范给所有认识他的人都留下了不可磨灭的印象。至今，仍有许多国际友人来华访问，坚持拜会袁宝华。袁宝华在经济界和企业界的影响，已远远越出了国界。

1999 年 6 月，在中国企业家联合会、中国企业家协会六届四次常务理事会上，袁宝华终于辞去了会长一职，并被大家推举为名誉会长。袁宝华谈到中企联的发展时，深情地说：中企联走过了整整 20 年的历程。这是不平凡、不寻常的 20 年，是艰苦奋斗的 20 年，也是取得公认成就的 20 年。她是随着我国 20 年来的改革开放发展和壮大起来的，今后仍然任重道远。

他热心支持和帮助中企联新的领导人开展工作。先后接替

1999 年 6 月，与陈锦华在一起。

他担任中企联会长的陈锦华、王忠禹等同志，把中企联的发展推向了新的阶段。中企联的工作人员都不会忘记袁宝华，正像中企联负责人曾经说的那样：中企协创立、发展的 20 年，是宝华同志呕心沥血、领导我会艰苦奋斗的 20 年。宝华同志是我国

1997 年 7 月，与王忠禹在一起。

企业改革与企业管理的重要组织者、实践者之一。他是一位锐意改革者，是企业家的挚友，是一位德高望重的老领导、老同志，他的为人有口皆碑。他对我国经济社团组织建设也作出了重要贡献。

第十二章 职工思想政治工作的开创者

职工思想政治工作是中国共产党在工业企业中极为重要的工作内容，在“文化大革命”中受到了很大削弱。改革开放以来，袁宝华继续发扬和光大这种优良传统，为职工思想政治工作作出了卓越的贡献。他总是把党对企业的路线、方针、政策的贯彻作为政治工作的重要内容，使职工思想政治工作紧紧围绕经济建设这个中心进行；他始终坚持“两手抓、两手都要硬”的原则，为加强和改善思想政治工作而辛勤工作；他强调要坚持工人阶级当家作主的原则，把思想政治工作做到职工心中；他精心培养和组建了一支勇于开拓、乐于献身的思想政治工作队伍，使他们活跃在广大企业之中；他寄希望于职工思想政治工作现代化，适应新形势、解决新问题，开拓新局面。

“文革”结束后，为了迅速恢复和发展生产，解决企业中存在的各种困难和问题，袁宝华在中央领导的支持下，运用大庆这面我国工交战线的红旗，推动在全国工交战线开展了工业学大庆、普及大庆式企业的群众活动。通过在工交企业学习和推广大庆经验，创建和命名了一批大庆式企业，取得了明显成效。当时，国家经委在袁宝华的领导下，组建了全国工业学大庆办公室，并着重抓了 27 个关系国民经济全局的大型骨干企业和 320 个地方重点企业的学大庆活动。根据胡耀邦的提议，在袁宝华的主持下，1981年起草了报送中央书记处的《关于工业学大庆问题的报告》。这个报告肯定了大庆的基本经验，实事求是地总结了工业学大庆运动的经验教训，并对工交战线继续开展学习和宣传先进典型活动提出了意见和建议。同年12月18日，中共中央发出通知，同意并转发了这个报告。1982年7月在新组建的国家经委内专门设立了基层政治工作办公室（简称“政工办”），以加强对全国企业思想政治工作的综合研究和指导，由袁宝华分管这方面的工作。袁宝华曾指出，经委是经济工作的一个综合部门，任务重，业务多，容易产生忽视思想政治工作的倾向。今后应该抓经济战线的职工队伍建设，抓企业思想政治工作，把它作为经委一项很重要的工作任务。

从1982年7月至1988年5月，政工办在袁宝华的直接领导下，围绕每个时期党的中心任务和基层企业工作中的重大问题，每年都组织力量到各地工矿企业进行调查研究，积极探索、总结新形势下做好企业政治工作和精神文明建设的新思路、新经验，提出解决新问题的办法和建议，为领导决策提供依据。

1983年初，受中央书记处的委托，中宣部、中组部、国家经委等七家单位，在北京联合召开全国职工思想政治工作会议。袁宝华领导经委政工办参与了会议的筹备工作。这次会议对加强和改进企业职工思想政治工作，起了重要的指导和推动作用。袁宝华在大会上作了《以十二大精神为指针，开创企业思想政治工作新局面》的讲话。他分析了新时期的新形势、新任务对企业职工思想政治工作的新要求，回顾和总结了十一届三中全会以来企业职工思想政治工作的基本情况和主要经验，对今后如何开创企业思想政治工作新局面，提出了具体要求。经过会议讨论和修改的《国营企业职工思想政治工作纲要（试行）》，是首次系统论述新时期企业职工思想政治工作的一个重要文件。会议还通过了《关于加强企业政治工作队伍问题的若干意见》的文件，这是在袁宝华的指导下由经委政工办草拟的，会后以中共中央、国务院八个部门的名义联合下发。

在这次会上，经过邓力群、袁宝华、顾大椿提议，由中宣部、国家经委、全国总工会和中央书记处研究室四个单位发起，成立了中国职工思想政治工作研究会。这是在中国共产党的领导下，组织、推动实际工作者和理论工作者，加强对新时期职工思想政治工作的科学研究的群众性研究团体。袁宝华十分关心职工政研会的工作并给予大力支持，并建议将政研会挂靠在国家经委。1月18日，召开中国职工政研会成立大会和第一届理事会。袁宝华等被聘请为顾问，顾大椿被推选为理事会会长。

中国职工政研会的成立，标志着我国思想政治工作的科学研究进入了一个新的阶段。全国各地区、各部门，部分大中城市、地县以及一大批大中型企业，都相继成立政研会，逐步形成了遍及全国的政工研究力量。政研会围绕改革开放和经济建设这个中心，结合企业生产经营实际和职工思想实际，开展了一系列有效的活动。联系和团结了一大批热心于思想政治工作的人士，从中涌现出不少理论研究骨干和优秀研究成果，发挥了对党政领导的参谋助手作用和对基层企业的服务咨询作用，为加强和改进新时期的思想政治工作作出了一定的贡献。受到党中央和各级党委的重视和好评，也受到基层企业党政领导和广大政工干部的欢迎和支持。

1983—1988 年，袁宝华曾多次主持经委党组会议，对政研会的工作方针、部署和组织建设等重大事项给予及时的指导。1989 年 3 月，中国职工政研会召开第五届年会，袁宝华被推选为中国职工政研会理事会会长。

改革开放以来思想政治工作的一个最大特点，就是从“以阶级斗争为纲”转到服从和服务于经济建设这个中心。袁宝华不断教育和引导企业干部特别是政工干部从“左”的思想禁锢中解放出来，确立思想政治工作必须坚持以经济建设为中心，并结合经济工作去做的指导思想。他明确指出：党的思想工作是为实现党在一定历史时期的总任务服务的。现在我们党的工作重点已转移到社会主义现代化建设上来，经济建设是全党和全国人民的中心任务，也是企业的中心任务。党在企业的思想政治工作，要紧紧围绕经济建设这个中心任务来进行，为这个中心任务服务。如何全面认识“重点转移”的意义，把思想政治工作同经济工作紧密结合起来，成为经济工作的强大动力，并且保证它的社会主义方向，就成为新时期摆在我们面前的一个重要课题。他指出：思想政治工作在企业里，若离开经济工作，离开发展会失去它的目的性和针对性，也就没有什么生命力。

1984 年以后，伴随着城市经济体制改革的深入，袁宝华指出做好干部的思想教育工作，是推动城市经济改革健康发展的关键一环。他认为阻碍经济体制改革的主要问题是“左”的思想影响，例如，在所有制的结构上，受“一大二公”的思想影响，重国营、轻集体，排斥个体经济；在管理体制上，集中过多，统得过死，使企业缺乏主动性和灵活性；在分配制度上，把平均主义、“大锅饭”当作社会主义的优越性；在对外开放问题上，怕这怕那，步子迈不大。只有冲破“左”的束缚，才能打开改革的新局面。

袁宝华指出，改革中的思想政治工作和思想政治工作自身的改进、改革，是一个问题的两个方面，是紧紧相联而密不可分的。没有思想政治工作自身的改进和改革，改革中的思想政治工作是注定做不好的。他在1984年11月全国宣传部长会议上，就这一问题发表了重要讲话，指出在改革开放的形势下，企业思想政治工作也同经济工作一样，面临着新的挑战，需要解决“转轨”、“转型”问题。要把企业思想政治工作真正转到为实现党的总任务、总目标服务上来，转到为提高经济效益、提高企业素质服务上来，坚决克服思想政治工作与经济工作“两张皮”的状况。他认为，改进企业思想政治工作的目的，是要不断提高它的实际效果，一是精神成果，要看受教育者思想觉悟提高程度；二是物质成果，要看职工思想觉悟提高以后，能够通过自己的劳动向社会提供比以前更多更好的劳动成果。

思想政治工作的改进和改革，必须要坚持正确的方向。袁宝华1984年2月10日在全国经济工作会议上的讲话中提出，企业政治工作要不断创新、不断改革，注意总结新经验，探索研究新时期政治工作的特点和规律，把政治工作的路子搞得宽一点、活一点。同时，在思想政治工作的改进和改革中，要坚持正确的方向，坚持实事求是的思想路线。对此，他提出了几个原则：一是要以马列主义、毛泽东思想作指导；二是要遵循思想政治本身所固有的特点和规律；三是正确处理继承与创新的关系；四是要采取“以我为主，博采众长，融合提炼，自成一家”的方针，吸收国内外现代科学的研究成果，为我所用。

袁宝华十分注意总结新经验，探索新发展。他对十一届三中全会以来企业思想政治工作方面的新经验和新发展，作了精辟的总结和概括。例如：他指出思想教育内容要紧密地结合企业生产经营和改革的实际，着力引导职工培育具有本企业特色的企业精神，搞好职业道德建设；要遵照尊重人、理解人、关心人的原则，把解决思想问题同关心职工生活、解决实际问题结合起来，把精神鼓励同物质鼓励结合起来；要提倡民主的、平等的、双向疏导交流的办法，尊重和保障职工的民主权利，通过企业民主管理做好思想政治工作；要充分运用和发挥现代大众传播工具的教育功能和作用；企业思想政治工作要依靠大家来做，专职政工干部要做，行政干部要结合本职业务工作做，还要充分发挥党员、团员、劳动模范、积极分子的带头作用，走专兼结合，专群结合的新路子；在思想政治教育的组织与实施上要尊重企业的自主权，等等。这些新的经验都给企业思想政治工作开辟了新的途径，带来了新的活力。

国营工业企业由试点到全面推行厂长负责制，是企业领导体制改革的一项重要内容，也是城市经济体制改革的重要组成部分。袁宝华在党中央、国务院的直接领导下，具体组织企业推行厂长负责制的调查、试点和《企业法》的起草、制定工作。他针对企业党政干部特别是领导干部在企业领导体制改革中暴露出来的思想认识问题，进行了大量的思想教育工作。1984年7月，袁宝华在中宣部召开的全国城市经济改革思想教育工作座谈会上的讲话中，回答了实行厂长负责制会不会削弱职工参加民主管理，阐述了“三加强”的指导思想。他指出：实行厂长负责制是新时期的需要，不是也不能削弱党的领导和思想政治工作，不是也不能削弱职工参加民主管理，实行厂长负责制要党、政、工三家搞好分工，各司其事，各尽其责，同心同德，群策群力，共同完成企业的生产和各项任务。要围绕搞好生产经营这个中心，通过改革企业领导体制，把这三个方面的积极性都充分调动起来，做到“三个加强”是这项改革的核心和关键。

1985年5至6月底，中国职工政研会与有关单位联合举办了有50多个大中型企业党政领导干部参加的研究班，着重研讨在实行厂长负责制的新形势下企业党委如何开展工作的问题。袁宝华亲自兼任研究班的班主任，帮助企业干部正确理解厂长负责制和党对企业的领导，加强与改进党的工作和思想政治工作。1986年8月，袁宝华指出：从多年实行的党委领导下的厂长负责制转变为实行厂长负责制，这不仅是企业领导体制的重大改革，也是企业党的工作的重大改革。为了适应改革新形势的要求，企业党组织和从事党的工作的同志要从思想观念到工作内容、工作方式和工作作风，来一个大的转变。

1985 年 12 月，出席在上海举行的中国职工思想政治工作研究会年会并讲话。

正确认识和处理继承、借鉴与创新的关系十分重要。1983 年 1 月 7 日，袁宝华提出，我们学习别人的经验，要采取“以我为主，博采众长、融合提炼，自成一家”的方针。他主张要用马克思主义的立场、观点、方法，结合我们企业和思想政治工作的实际，积极地、有选择地吸收和借鉴国外管理科学、企业文化及相关学科的有益成果，不断研究新情况，解决新问题，总结新经验，探索新路子。例如，当时对如何看待西方的行为科学，争议比较大。袁宝华则指出：“行为科学也要有人研究。凡能成为一门科学的，一定有它的道理。”袁宝华积极支持行为科学的研究。1985 年 1 月，在中国行为科学学会召开的成立大会上，他指出行为科学作为现代管理科学的重要组成部分，值得我们重视；行为科学既然是科学，总有它的道理，应该研究。

北京政治风波发生之后，袁宝华在中国职工政研会第三届年会上作了《坚持四项基本原则，改进和加强企业思想政治工作》的主题报告。他要求组织党员干部和职工认真学习十二届六中全会决议，提高认识、统一思想：一是认清四项基本原则是立党立国之本；二是认清坚持四项基本原则同坚持改革、开放、搞活的方针互相联系，缺一不可；三是认清维护安定团结是每一个公民的神圣职责；四是认清艰苦奋斗、勤俭建国是我们的优良传统，必须进一步发扬光大。

袁宝华十分重视理想和纪律教育问题。1985 年他曾指出在企业职工中进行“四有”的教育，特别是理想、纪律教育，不但是具有长远意义的重大政治任务，而且是当前必须高度重视、认真解决的一个紧迫问题；理想、纪律教育一定要同当前的改革相结合，保证和促进改革的顺利进行；进行理想、纪律教育一定要从实际出发，实事求是，讲求实效。他认为，积极倡导和培育适合本企业特色的企业精神，加强职业道德建设，是企业精神文明建设的重要组成部分。把这两项工作做好了，就能把“四有”教育的普遍要求同各个企业的实际、同每个职工的职业实际紧密联系起来。他提出，培育企业精神要成为一门学问，既是管理科学的一部分，又是思想政治工作的一部分。我们要加强对企业精神建设的领导，加强调查研究，不断总结经验，使其能够踏踏实实地前进。同时，社会主义的企业精神有其共性，但每个企业又有其个性。我们要从企业实际出发，不要一阵风，不要搞形式主义。

他指出，要在各行各业的职工中突出地抓好职业道德、职业责任、职业纪律的教育，抓好企业道德、企业精神和优良厂风的教育。许多搞得好的单位的成功经验说明，进行这样的教育，是“四有”教育的具体化，适应各种不同行业、不同层次的人的特点，易于为广大职工所接受。搞好这个教育，有利于改变社会风气，有利于改善人们相互之间的关系，有利于增强职工对本职业的自豪感和主人翁责任感。一些行业性的不正之风与职工缺乏职业道德有很大关系。因此，纠正不正之风，要同职业道德教育结合起来。商业、服务行业要改善经营，优质服务，既要坚持改革，又要坚持对职工进行职业道德教育，从根本上提高职工的思想道德素质。他还反复强调，职业道德首先必须从领导干部做起，以身作则，带领职工群众搞好职业道德建设。要加强精神文明建设，发扬五六十年代班组的艰苦创业、“三老四严”的优良传统，发扬高度的主人翁责任感和开拓创新精神。

1988 年 1 月，在武钢参观全国各地政研会出版物展览。

在袁宝华和邓力群的倡议及指导下，中国职工政研会于 1989 年 8 月组织调查组分赴六个大中城市及一些重点企业，就十年来企业思想政治工作的基本估计和解决当前加强与改进企业思想政治工作中需要解决的突出问题，进行调查研究，广泛听取意见，提出对策性的建议。

9月，中宣部和中国职工政研会在北京怀柔联合举办了全国企业思想政治工作研讨班。江泽民总书记会见了全体同志，中央政治局常委宋平、李瑞环与部分同志座谈，并发表了重要的讲话。在研讨班开幕时，袁宝华作了《加强新时期企业思想政治工作几个问题》的讲话，对如何实事求是地估计十年来的企业思想政治工作，如何看待这几年的企业领导体制改革，以及加强新时期企业思想政治工作需要明确的一些问题作了阐述。在此之前，袁宝华于7月20日曾在中央党校举办的一个思想政治工作研讨班上，以《企业法与职工思想政治工作》为题做过讲话。在这两次讲话中，他都讲到我们在总结经验教训时，要冷静地思考一些问题，慎重地分析和对待一些问题。对于经济体制改革包括企业领导体制改革中正确的东西，一定要坚持。比如对厂长负责制和承包经营责任制，就要继续坚持实行，同时要在实践中不断地加以完善。强调党组织在企业中处于政治核心地位，并不意味着否定厂长负责制；同样，实行厂长负责制，也不能淡化基层党组织的作用，削弱党的领导。这二者的目的都是为了办好社会主义企业。党委书记和厂长都应该围绕企业的发展目标，互相支持，紧密配合，把“两个心”变成“一个心”，形成合力，共同把企业办好。

1990年5月15—21日，袁宝华主持了在广州召开的中国职工政研会第六次年会。江泽民总书记、李鹏总理给会议发来贺信。中央政治局常委李瑞环到会并作了《职工思想政治工作的若干问题》的重要讲话，他提出思想政治工作主要任务是调动

1990 年 5 月，在中国职工思想政治工作研究会第六次年会上讲话。

积极性。思想政治工作天地广阔，大有作为。他指出：思想政治工作是实现远大理想的必需条件，是贯彻党的基本路线的可靠保证，是协调人际关系的基本方法，是凝聚全民族力量的重要途径，是社会主义企业的内在要求。袁宝华在年会讲话中指出：十三届四中全会以来，全国政局稳定、经济发展，治理整顿、深化改革取得比较明显的成效。思想政治领域里的工作，包括企业思想政治工作，也取得了重要的进展，两个文明建设中“一手硬、一手软”的状况有所改变。整个思想政治战线出现了新的转机。当然，企业思想政治工作的任务仍然很艰苦。企业思想政治工作要在稳定、鼓劲和深化发展上下功夫。企业特别是大中企业，在促进经济的稳定发展，维护国家和社会的稳定中，起着极为重要的作用。而企业的稳定，又取决于职工队伍的稳定、人心的稳定和思想的稳定。在这方面，企业思想政治工作必须发挥自身的优势，为职工队伍和企业的稳定，为把国民经济搞上去作出应有的贡献。其中最根本的是进一步改善党群、干群关系，充分发挥企业职工的积极性，消除各种不安定的因素。此外，企业思想政治工作还要在鼓劲和进一步深化发展上下功夫。广泛开展学大庆、学“铁人”、学雷锋活动，培育和弘扬企业精神。大庆精神和“铁人”精神，是在长期艰苦创业的实践中锤炼和形成的好传统。要把大庆精神和大庆经验推广到全国所有的企业中去，并在实践中培育具有各自特色的企业精神，使之成为凝聚广大职工的精神支柱；还要开展学习雷锋的活动，培养和建设一支“四有”职工队伍。加强和改进职工思想政治工作研究会的工作。

1991 年中央将增强企业活力、搞好国营大中型企业又一次提到重要的议事日程。这一年内，中宣部和中国职工政研会两次派出六路调查组，先后到 9 个省、市近 60 个企业进行重点调查，总结和研究如何发挥党的政治优势，充分调动职工积极性，增强国营大中型企业活力的问题。5 月在北京通县联合举办了有 100 多个大中型企业党政领导干部参加的研讨班，围绕增强大中型企业活力这个中心，从发挥党的政治优势、做好思想政治工作的角度，进行经验交流和探讨研究。袁宝华在研究班结束时讲了话。他回顾了两年多来我国治理整顿发展的过程和取得的成就，并就当前在搞好国有大中型企业中，如何发挥思想政治工作的作用问题发表了讲话：第一，要加强企业民主管理，提高职工的主人翁意识，并把民主管理与严格管理结合起来。第二，企业越是困难，领导干部越是要有一个良好的精神动态，把压力变成动力。这就要求企业有一个坚强的领导班子，带领全体职工去顽强拼搏，战胜困难。第三，要树立正确的经营思想。这就要帮助干部职工转变思想观念，树立市场观念，增强竞争意识。第四，要树立强烈的挖潜意识，坚持“向内看、练内功、挖内潜”。企业领导人要做到“一只眼盯着市场，一只眼盯着现场”。第五，要教育干部职工树立不断深化改革的意识，这是企业发展的根本出路。第六，要教育干部职工进一步强化开放意识。要吸收和利用国外的资金、技术、人才和经验，开辟国际市场。第七，坚持实事求是的思想路线，一切从企业实际出发。第八，深化企业内部改革，关键是打破“大锅饭”、“铁饭碗”，这也要做许多艰苦细致的工作。

“思想政治工作是一门科学”。1983 年 1 月，袁宝华在全国职工思想政治工作会议上的讲话中，针对有些人把政工干部看作“万金油”的观念，指出：思想政治工作是一门治党、治国的科学。它的对象是人，它是研究人们的思想、观点、立场的形成和发展变化的规律的，是为了解决人们的思想政治观点问题和改造人们的世界观的。这是一项需要进行艰苦的、创造性劳动的工作。他还强调各级党组织要大力抓好企业政工干部的培养、教育和训练工作。在第六次年会上，袁宝华强调：在继续抓好应用性研究的同时，要进一步加强思想政治工作的基础理论研究。要把我们党的思想政治工作的优良传统，把我们经过长期努力取得的丰富的思想政治工作经验，进一步加以探讨、总结、概括、提炼，找出规律性的东西，为思想政治工作的进一步理论化、科学化、系统化，为创建有中国特色的思想政治工作这门科学作出我们的贡献。为此，袁宝华和中国职工政研会在1991、1992年先后两次召开基础理论研究会，并于1990年组织了首次思想政治工作优秀论著的评选，评出23部优秀论著。

同时，他还抓了两项工作：一是组织编写出版一套《新时期思想政治工作丛书》，共25本，邓小平题写了丛书名，袁宝华担任编委会顾问；二是组织编写《企业思想政治工作讲座》和《企业思想政治工作新编》两本企业政工教材。《企业思想政治工作讲座》出版后，被有关领导部门指定为全国企业政工干部职称评定中的专业知识考试基本教材，在全国发行达60万册。《企业思想政治工作新编》被经贸委列为全国企业管理干部培训教材，发行近10万册。

1988年为中国纺织思想政治工作研究会题词：
“加强思想政治工作，全面提高企业素质”。

袁宝华在全国企业思想政治工作电视讲座开始时，作了题为《努力实现思想政治工作的理论化、系统化、科学化》的讲话。他强调指出：思想政治工作是一门综合性应用科学，需要有广博的知识和精湛的艺术。这就必须激发起广大政工干部的兴趣和求知欲望，鼓舞人们去研究它、认识它、热爱它，通过大胆探索、勇于实践，去潜心钻研思想政治工作的内在规律。这将大大提高思想政治工作者的思想水平和业务素质；同时，也有助于促进思想政治工作的理论化、系统化、科学化，使人们更好地按照思想政治工作规律办事，不断提高思想政治工作效果。

袁宝华长期坚持以邓小平理论为企业职工思想政治工作和政研会工作的根本指针，积极倡导学习和研究邓小平理论包括新时期思想政治工作理论。他提出：坚定不移地把邓小平建设有中国特色社会主义的理论作为指导职工思想政治工作和政研会工作的根本指针。要把用这个理论武装广大职工首先是企业各级领导干部，作为一项根本性的思想建设深入持久地抓好。袁宝华 1992 年 5 月在中国职工政研会第七次年会上的报告中，提出必须坚定不移地全面贯彻执行党的“一个中心、两个基本点”的基本路线，特别是要抓住当前有利时机，加快改革开放的步伐，集中精力把经济建设搞上去。要加快改革开放步伐，加速经济发展，首先还是要进一步解放思想，冲破妨碍接受新事物、新经验的各种思想束缚，要勇于创新，敢于试验。同时，要及时总结经验。做好企业思想政治工作，一定要深刻记取“一手硬、一手软”的教训，始终坚持“两手抓、两手硬”的方针。越是发展经济，越是深化改革、扩大开放，就越要发挥企业党组织的政治核心作用，越要加强和改进思想政治工作。

1992 年 5 月，在中国职工思想政治工作研究会第七次年会上讲话。

袁宝华在中国职工政研会第七次年会上，强调了思想政治工作要在深化企业改革、转换经营机制中发挥更大的威力和作用。要顺利地完成企业经营机制的转变，首先要转变人们的思想观念。就政府经济管理部门来说，有一个转变职能、强化为企业服务观念的问题；就企业经营者来说，有一个强化市场观念、竞争意识的问题；就全体职工来说，要打破根深蒂固的平均主义思想，划清平均主义、“大锅饭”与社会主义优越性的界限，真正实行按劳分配的原则。改变旧的观念和习惯势力，需要做许多艰苦细致的工作。要抓住契机，迎接挑战，在深化企业改革、转换经营机制中，更好地发挥思想政治工作的威力和作用。袁宝华语重心长地说：毛主席曾经指出，政治工作是一切经济工作的生命线。在社会经济制度发生根本变革的时期，尤其是这样。我国现在正处于经济体制根本转变的过渡时期。人们的思想观念、价值取向和行为方式正在发生极大的变化，这就是社会经济制度发生根本变革在思想领域引起的变化，也正是需要我们大力加强思想政治工作的关键时期。改革的是体制，首先触动的是人，是人的思想观念与情感。在这样的社会变革时期，仍然应当坚持“生命线”的论断，把思想政治工作放在非常重要的地位。1994 年 4 月，袁宝华指出，由于改革进入了攻坚阶段，步子很大，难度更大。在这种情况下，更需要做好广泛深入的宣传教育工作。

在建立社会主义市场经济体制过程中，国有企业改革和发展越来越触及到一些深层次的矛盾和问题，遇到了许多复杂的情况和新的挑战。相当一部分国有企业不适应市场经济的要求，机制不活，管理不善，技术创新能力不强，加上历史包袱和社会负担比较重，因而经济效益下降，下岗和失业人员增加，部分职工生活困难。针对这种情况，袁宝华指出：在建立社会主义市场经济体制过程中，国有企业面临着机遇，也面临痛苦的选择。根本的出路在于深化改革。目前好多企业不适应新形势，好多产品被市场所抛弃。要改变这个状况，不能再“等、靠、要”，必须靠自己。为此要做许多工作，如调整结构，改进工艺，更新设备，提高职工素质，特别是要转变职工观念，所以企业思想政治工作的任务很重。

袁宝华认为，在深化企业改革、建立现代企业制度的新形势下，企业中存在的问题主要有四个：一是干部职工的思想观念跟不上形势；二是职工首先是不少企业领导干部的素质不适应；三是法制建设跟不上企业改革发展的变化，监督机制不到位；四是不少国有企业经济效益不好，职工生活困难，企业缺乏凝聚力。因此，要着重研究解决好以下几点：第一，要引导广大职工进一步转变观念，认清形势，增强搞好国有企业的信心，打好国有企业改革攻坚战。第二，要提高企业领导班子的整体素质，严于自律。一个企业的兴衰成败，往往系于企业的领导班子特别是领导班子中的带头人。要树立正确的世界观、人生观和价值观，就要提高素质，就要加强学习。第三，发扬民主，加强监督。除了来自上面的监督外，更重要的是要加强自下而上的、来自群众的监督，包括社会舆论等各个方面的监督。第四，凝聚人心，保持稳定。做好思想教育和引导的工作，理顺情绪，化解矛盾，解疑释惑，平衡心理。同时，要切实关心群众疾苦，帮助职工解决实际困难，保证企业和社会的稳定。

1993 年 10 月，袁宝华在与北京市部分企业党委书记座谈时着重指出：现在，思想政治工作与整个改革一样，都处于关键时刻，就应该在“适应”两字上作文章。适应新情况，研究新对象，解决新问题，都需要创新。1998 年 11 月，中国职工政研会在北京召开第十次年会。袁宝华在会上作了《高举邓小平理论伟大旗帜，努力实现思想政治工作现代化》的主题报告。报告中提出要加大思想政治工作改进力度，实现思想政治工作现代化。我们已生活在一个开放的社会中，思想政治工作的对象、对象的构成、对象的观念等等，都发生了很大的变化。为适应这些变化，就必须提出思想政治工作自身的现代化问题。要不断创新，创新既是革命化的保证，也是现代化的源泉。

90 年代以来，袁宝华对企业思想政治工作改进、改革提出了许多重要思路和办法。例如：随着企业经营机制和政府职能的转变，要逐步实行根据中央总的部署精神，在上级有关部门的监督、指导下，由企业从本单位和职工思想实际出发，自主地、创造性地进行安排的做法；企业政工队伍应该由“小政工”向“大政工”发展，就是要在企业内组织起一支党政团结合、专兼结合、专群结合的宏大的政工队伍；要探索建立和完善职工思想政治工作特别是经常性思想政治工作的机制，加强基层党支部和班组的建设；企业思想政治工作要紧密结合企业管理一道去做，做到二者融为一体。

袁宝华认为，企业文化是社会主义精神文明建设的重要组成部分，是企业培育“四有”职工队伍的重要途径，也是思想政治工作很好的载体。通过建设企业文化，对职工进行潜移默化的教育，效果很好。企业文化是以人为中心，以文化引导为基本手段，以激发职工的自觉行为为目的的一种文化现象和管理理论。它是市场经济高度发展的产物。借鉴、吸收企业文化有关理论和实践经验，把建设企业文化作为思想政治工作的载体，有助于企业思想政治工作与企业管理的结合。通过建设企业文化，培育企业精神，塑造企业形象，培养“四有”职工队伍的效果会更好。在建设企业文化中，一是要继承和发扬我们的好传统，包括中华民族的优秀文化传统、党的优良传统和我国社会主义企业有代表性的企业精神等。二是要善于创新。企业文化的创新，就是要使企业发展有鲜明的特性，使企业的生产经营具有更强大的精神支柱。三是要培育企业精神，这是企业文化建设中的核心问题。四是抓好企业文化建设，要防止雷同、照抄照搬其他企业，更不能照搬外国的，而应以中华民族优秀文化为土壤，有本企业鲜明的特色，这样才能体现有特色的中国企业的形象。

在办公室阅读《思想政治工作研究》。

袁宝华特别强调要抓好领导干部的思想道德建设。他认为，在企业里加强职工思想道德建设，最重要、最关键的是要首先抓好领导干部的思想道德建设。他指出这样几个问题很值得注意和警惕：一是在法制与道德的关系上，有的认为市场经济是法制经济，只要把法制健全了，问题就解决了。其实社会经济活动不仅要讲法治，还要讲德治，不能只靠法制不讲道德。二是"代价论"，有的认为要改革开放、发展经济，就必须有所牺牲，就是要以社会道德沦丧为代价。这是资产阶级的观念。三是在个人与集体、国家的关系，公与私的关系上，强调个人利益第一，这也是资产阶级的价值观念。四是在局部与全局利益的关系上，为了局部利益，不惜牺牲全局利益，把二者的关系颠倒了，最突出的表现就是地方和部门保护主义。五是权钱交易，把掌握的权力和应负的责任搞乱了，以权谋私，这不知毁了多少干部。因此，对领导干部的个人思想道德修养，对职工的思想道德建设，都要常抓不懈，不能一劳永逸。

在他看来，加强和改进企业思想政治工作，必须切实解决好两个重要的思想认识问题。第一，关于坚持党对企业的政治领导、充分发挥企业党组织的政治核心作用问题。袁宝华多次强调：在我国要进行经济活动，做好企业的各项工作，离不开党的领导。在深化企业改革、转换经营机制、建立现代企业制度中，企业党委的政治核心作用只能加强，不能削弱。与此同时，他又强调：要加强党的领导，必须改善党的领导。要进一步搞好企业党的建设和思想政治工作，提高全体党员的素质，提高党组织的素质，提高党的领导干部的素质，把他们的作用充分发挥出来，依靠他们团结和带领群众，才能战胜困难，振兴企业。要处理好以下几个问题：一是企业中的党政关系问题，二是党管干部的问题，三是企业党组织与群众团体的关系，四是企业党组织内部的上下级关系问题，五是党委内部"一把手"与其他成员的关系。第二，关于全心全意依靠职工办企业的问题。全心全意依靠工人阶级，是党的一个重要的指导方针。联系到企业，就是要全心全意依靠职工才能办好企业。如何在广大职工中把工人阶级的主人翁思想进一步树立起来，把他们的积极性、主动性和创造精神充分调动起来和发挥出来，这是企业政治工作要着力解决好的又一个关键性问题。

袁宝华领导我国职工思想政治工作 20 多年，其中担任中国职工政研会会长就长达 15 年之久。他多次向中央领导提出，因为自己年事已高，不再适宜担任中国职工思想政治工作研究会会长一职，希望由更年轻、更有朝气的同志担任政研会负责人，这一愿望一直到 2004 年 7 月才实现。7 月 21 日至 22 日，中国思想政治工作研究会第八次会员代表大会在北京召开，中央政治局常委李长春、政治局委员刘云山出席大会并讲话。李长春指出，要充分认识新形势下加强和改进思想政治工作的重要性，

2004 年 7 月，李长春、刘云山和袁宝华会见中国思想政治工作研究会第八次会员大会代表，并被推举为该会名誉会长。

牢固树立群众观点，心中装着人民安危冷暖，带着对群众的深厚感情做好工作，把解决思想问题同解决实际问题结合起来，通过解决实际问题引导群众提高精神境界。会议审议了袁宝华代表第七届理事会所作的工作报告，对袁宝华20多年来对我国职工思想政治工作所作的贡献给予高度评价，推选吉炳轩为第八届理事会会长，胡振民为常务副会长。

大会聘请袁宝华担任政研会名誉会长，这一年他已经89岁了。

第十三章 人民大学的「老校长」

“我们的老校长”——这是中国人民大学广大师生至今仍保持着的对袁宝华的亲切称呼。

袁宝华在临近古稀之年，受命担任中国人民大学校长和党组书记，这是他人生经历和工作经历中一段十分宝贵的岁月。在1985—1991年兼任中国人民大学校长和党组书记的六年半中，他带领学校党政领导一班人坚决纠正“文革”遗留的极左思潮，以党的基本路线指导学校的各项工作，开创了学校各项工作的新局面；他始终强调必须大力弘扬中国人民大学的优良传统和作风，坚持理论联系实际，勇于改革、不断创新，为改革开放和现代化建设服务，塑造了新时期人民大学的新形象；他坚持正确的社会主义办学方向，进一步发挥中国人民大学的学科优势，团结合作、民主办学，大大提升了人民大学的影响力；他倡导尊师重教、教学相长的和谐的校园文化，经常深入到广大师生员工之中听取意见和建议，大家都愿意向他吐露心里话，有效增强了学校的凝聚力。袁宝华为中国人民大学的改革和发展做出了重要贡献。许多年过去后，人民大学师生在谈到袁宝华任校长时期学校的情形时，仍不禁感慨万千。这六年半是人民大学复校以来改革与发展最好的时期之一。

中国人民大学是中国共产党亲手创办的第一所社会主义大

学，具有光荣的革命历史和优良传统。其前身是1937年党中央在延安创办的陕北大学，经历了华北联合大学、华北大学不同的发展阶段，为我们党领导的抗日战争和解放战争培养了大批干部，做出了重要贡献。新中国成立后，为培养社会主义革命和建设的急需人才，在华北大学的基础上，成立了中国人民大学。老一代无产阶级革命家吴玉章、成仿吾、郭影秋等先后出任校长和名誉校长，它培养的大批学生遍布全国各地，活跃在各条战线上。“文化大革命”十年，人民大学被迫停办，学校遭到严重破坏。粉碎“四人帮”后，在邓小平的直接关怀下，人民大学才得以于1978年复校。复校后，摆在学校面前的形势是困难重重，百废待兴。成仿吾、郭影秋两位校长为了复校投入了全部的精力，但当时两位老人都年事已高，而且身体不好，很难应付繁重的管理工作，1983年以后两位老人担任名誉校长，校长一直空缺。特别是成仿吾于1984年5月逝世、郭影秋因病住院后，更是让大家着急。广大师生员工着急，上级领导和主管部门着急，大家都热切期盼中央能选派一位德高望重、能力超群的新校长，带领人民大学在新的时期阔步前进。

时任国家经委副主任、党组副书记的袁宝华，把全部的精力都投入到企业全面整顿之中，怎么也想不到中央会要他来兼任人民大学校长。当中央政治局委员胡乔木找到袁宝华，希望他兼任人民大学校长时，他的第一反应就是拒绝。他向胡乔木表示自从1937年离开北京大学，就一直没有在高等学校工作和生活过，他并不熟悉学校工作，希望中央选择更合适的教育专家来担任这一职务。但是，胡乔木告诉他，中央已经物色了很长时间，鉴于人民大学的重要地位，中央领导认为袁宝华来兼任这一职务是合适的。胡乔木还给他做了多次思想工作，对他搞好人民大学的工作寄予厚望，充满信心，并表达了中央领导同志对人民大学工作的全力支持。为此，袁宝华还专门征求了政治局委员、副总理余秋里的意见，余秋里支持和鼓励袁宝华到人民大学去，认为百年大计教育第一，只要依靠干部、依靠群众、依靠人大的党组织，人大就能办好。这给了袁宝华很大的信心。

袁宝华就是在这种背景下来到人民大学的。1985 年 5 月 30 日，中共中央、国务院决定他兼任人民大学校长，7 月 31 日他与学校中层以上干部见面。他一到任，立即开展了深入细致的调查研究。他用了两个多月时间找学校的各级领导交流思想，找老教授、青年教师谈心，倾听学生们的想法，召开各种形式与规模的座谈会。从解决广大师生员工的实际困难入手，逐步理顺各种关系，协调各方面的利益，取得在学校发展和改革重大方面的共识。他还几次到医院看望郭影秋，就学校的改革与发展等问题，在病榻前向郭影秋请教。郭影秋那种要办好人民大学的紧迫心情和远大抱负，深深地打动着袁宝华。1985 年 10 月底，郭影秋不幸逝世，袁宝华十分悲痛，他作诗悼念郭影秋：

北地结长缨，戎马事南征。
政绩著川滇，教泽被宁京。
无缘桃李秀，有愧萤雪功。
病榻肺腑言，初交亦动容。

1985 年 9 月，王震（前排中）、邓力群（左）和袁宝华（右）出席中国人民大学开学典礼，在休息室交谈。

1985 年 9 月，他在新学期开学典礼上第一次与全校广大师生员工见面，发表了重要讲话。他强调指出：中国人民大学是一所以社会科学为主的多学科的、综合性的大学，是国家建设的重点大学。人民大学是抗日战争和解放战争时期在革命根据地锻炼成长起来的新型大学。几十年来，已为国家培养了大批的人才，为适应我国社会主义现代化建设需要，要求我们今后培养出数量更多、质量更高的建设人才。他提出了学校要注意抓好的几个关键环节，一是要发扬革命传统。要坚持马克思主义基本理论教育，中央对我们抱着很大的希望，全国人民眼睛看着我们，我们务必不要辜负他们的期望。要树立为人民服务的思想，全心全意为人民服务是人民大学的办学宗旨。要加强学校的思想政治工作，振奋革命精神。二是要提高教学和科研水平。人民大学很多学科在全国处于领先地位，但现代化建设和经济改革对我们提出了新的问题和新的要求，要求我们必须有一个新的更高的水平。要加强科研工作，提高学术水平。教学要密切联系实际，要更多地启发学生开动脑筋，解放思想，更多地讨论问题。三是要坚决贯彻中央关于教育体制改革的决定。要树立坚持改革的决心和信心，改革要从实际出发，要依靠党团组织和全体师生员工。当时人民大学一部分师生员工存在着“三口气”，即在“文化大革命”中，人民大学是扫地出门的重灾户，当时大家憋在肚子里，有怨气。1978 年三中全会前夕，党中央和国务院决定人民大学复校，大家兴高采烈，都想为振兴人民大学出把力，争口气。过了一阵子进展不大，有些同志又感到有点泄气。针对这些问题，袁宝华明确指出，我相信人民大学的同志不会泄气，而是憋足了一口气，这样振兴人民大学才大有希望。以他为校长和党组书记的新一届学校领导班子组成，黄达、罗国杰、李文海、杨德福为副校长，李焕昌代理党委书记，周兴健、俞家庆为党委副书记。此后，吴树青、郑杭生、李昭公、马绍孟等中青年专家都曾担任学校领导职务。

在这一年的全国第一个教师节上，袁宝华大声疾呼：“尊师重教，天经地义”，“应该感谢教师——国家建设的功臣!”许多老教师，至今提起此事仍激动不已。他们从中深切地感受到了袁宝华依靠广大教职员工办好人民大学的决心，看到了人民大学将会有一个大发展的前景。为了让更多领导部门和负责同志了解人民大学，提升人民大学的地位和影响力，袁宝华还邀请了党和国家许多领导人、若干部门负责人到人民大学来，与广大师生员工座谈交流。那个时期，每逢学校开学典礼、重要节日或学校重要学术活动，都有党和国家领导人出席。杨尚昆、王震、薄一波、李鹏、宋平、习仲勋、方毅、余秋里、谷牧、陈慕华、彭冲、黄华、田纪云、宋任穷、李德生、李锡铭、李铁映、邓力群、张劲夫、廖汉生、倪志福、彭珮云、雷洁琼、胡绳、楚图南、王丙乾、郝建秀、王任重、刘复之、程思远等党和国家领导人都曾经来到人民大学。

1985 年 9 月，薄一波（右二）、彭珮云（右三）和袁宝华（右一）出席中国人民大学教师节大会。

1985 年 9 月，方毅（前排中）出席中国人民大学执教 40 年以上教师座谈会。

建设一个团结奋进的领导班子和一支坚强有力的干部队伍，是学校各项改革与发展事业顺利进行的组织保障。在人民大学工作的最初两年，袁宝华狠抓领导班子建设。他对新的领导班子提出的基本要求是：学新知、立新意、树新风。学新知，就是要学习新东西，包括政治理论知识和科学技术知识；立新意，就是要有开拓创新精神，要有新见解、新思路、新章法、新要求；树新风，就是坚持好的工作作风，防止和克服官僚主义。他尤其强调要提拔年轻干部，要大胆选拔、启用有才能的年轻人，把他们放到各级领导岗位，给他们锻炼机会，使他们很快成长起来。他指出，把年轻干部“放到岗位上，就要信任他，放手让他工作，出了事，领导承担责任。”对青年人既要培养、使用，也要严格要求。在袁宝华担任校长和党组书记期间，学校领导班子成员都很好地摆脱了“文革”的派性影响，大家团结一致，谋大事，谋发展，心情舒畅，人尽其才，发挥了很好的模范带头作用，推进人民大学各项改革事业蓬勃开展。所有这些都给人民大学带来了一股清新的空气。

新时期人民大学的发展目标是什么？人民大学应该怎样发展？这些都是学校全体教职员工十分关心的重大问题。袁宝华在 1986 年 1 月召开的人民大学首届职代会二次会议上所作的报告中，对这些问题进行了系统充分的说明。

一是关于人民大学的发展规划问题。他提出在原有的院系设置之外，要成立经济管理学院和行政管理学院，主要培养经济管理和行政管理的高级人才。原有的系、所、专业已经形成了自己的特色，很多学科在全国处于领先地位，一定要保持自己的优势和特点，不能因新建学院而损害或削弱原有的基础。

二是关于改进教育教学和科研工作。他论述了如何正确对待传统教育观念问题，提出应坚持传授知识与发展智能的统一，教师不但要搞好课堂讲授，还要指导学生自学，引导学生善于主动地探索知识，扩大知识面，增强学生毕业以后的适应性和开拓知识领域的能力。他论述了学校调整学科专业结构和人才培养的层次结构，指出人民大学是一所以社会科学为主的综合性大学，应注意加强基础学科，发展应用学科，开发新兴学科和交叉学科。学校人才培养要以本科教学为基础，以研究生教学为重点，适当发展成人教学和专科教学。他论述了要更新教学内容、改进教学方法、完善教学制度问题，指出要及时吸收新的思想、新的观点、新的体系、新的方法和新的研究成果，把马克思主义教育作为学校教育的灵魂，密切联系我国的实际、当代世界的实际和青少年思想心理发展状况的实际，更生动活泼、更灵活多样地进行教学。他论述了加强科学研究，提高学术水平问题，提出要从确定选题、组织力量、研究进程、成果鉴定与发表等环节给予高度重视，并积极开展同国外学术界的联系和交流，要特别注意组织和调动研究生及高年级学生的科研积极性。

三是关于学校管理体制的改革问题。他提出管理体制的改革从一定意义上说是教学改革的前提和保证，管理体制改革就是要发扬民主，推进教职员工民主管理；就是要扩大院、系、所的自主权；就是要明确学校各职能部门的职责范围，克服职责不清、指挥不灵、渠道不通、办事不力的现象，职能部门要少一些决定权和批准权，多一些监督权。

四是关于改进和加强思想政治工作问题。他提出要坚持社会主义物质文明和精神文明建设一齐抓，保证学生德、智、体全面发展，使学校成为抵制资本主义和其他腐朽思想的侵蚀和建设社会主义精神文明的坚强阵地；他提出要动员和组织全校教职员工坚持教书育人的方针，贯彻正确的办学思想，培养合格的建设人才；他提出稳定教师队伍，建立思想政治工作责任制，提高政工干部的政治、业务素质，各单位党政干部应亲自参加学生活动，直接做学生的工作，大力改进各级干部的工作作风，努力克服官僚主义，切切实实地工作，把大家的积极性充分调动起来。

袁宝华的报告在校内引起了热烈讨论，广大师生员工都感到人民大学有希望了。

在 1986 年 10 月的学校中层干部会上，袁宝华提出要继续抓好六件大事：两项改革——教学改革和管理体制的改革，加强教学、科研管理，提高教学、科研质量；两项建设——现有校址的建设和经济管理学院、行政管理学院的筹建工作；两项保证——总务后勤工作的保证和思想政治工作的保证。这些工作贯穿了袁宝华在人民大学的全部时期，是他始终不渝、坚持不懈抓的重要工作内容。

袁宝华担任校长的六年半，正是我国社会主义现代化建设蓬勃发展，各方面都在经历着深刻变化的重要时期。他十分注重把学校的工作与当前党和国家的中心任务结合起来，多次强调指出：现代化建设和经济体制改革给我们提出了许多新的问题和新的要求，教育体制改革应该适应我国新形势下对人才的需要。在他的积极倡导和关怀下，人民大学的经济理论、财政金融、工商管理和法律等与实际生活紧密联系的学科得到了很大发展。

1987年7月，请钱学森（右一）来人民大学作“吴玉章学术讲座”第一讲，中国教育工会主席方明（左）出席。

袁宝华强调要始终不渝地坚持社会主义的办学方向，要以马克思主义为指导进行学科建设，坚持对学生进行系统的马克思主义基本理论的教育，把马克思主义教育纳入到专业课教学里面去。在1986年初，他在学校的一个会议上明确指出：“马克思主义政治理论课在学校教育中占有特殊重要的地位。它是学校教育的灵魂，是党在学校中思想政治工作的核心，是社会主义学校区别于资本主义学校的重要标志。”要针对大学生的特点和他们最关心的问题，寓思想政治教育于系统的理论教育之中，侧重培养学生树立科学的世界观、人生观和价值观，培养他们运用马克思主义分析问题、解决问题的能力，这样才有可能培养出真正适应四化建设需要的人才。他指出：马克思主义思想教育的生命力就在于密切联系实际。既要联系我国的实际，又要联系当代世界的实际，还要联系青年思想和心理发展状况的实际。并认为要对政治理论课进行改革，把人民大学办成马克思主义的理论阵地。在他看来，浓厚的理论空气，为不断提高教学质量和学术水平提供了一个良好的条件和环境。在他的倡议下，人民大学在全国高等学校中率先成立了马克思主义理论工作领导小组，开设了马克思主义原理等新的四门政治理论课。

袁宝华不断强调对马克思主义，既要坚持，又要发展。他指出：否定马克思主义是必须坚决反对的；但也要注意防止教条式地理解和对待马克思主义的僵化思想，提倡理论研究上的开拓创新精神。马克思主义必须发展，这是现时代的大趋势。我们要善于吸收人类一切有益的精神财富，随时了解和总结社会生活中出现的新情况和新经验，以实事求是的态度创造性地进行科学研究和理论探索。1997 年 5 月，他在吴玉章奖金基金委员会上进一步强调指出，捍卫马克思主义，就要通过研究马克思主义来发展马克思主义。坚持马克思主义，就是要用创新的精神把马克思主义的基本原理和我们国家日新月异的新发展、不断涌现的新事物、我们的新实践结合起来。

1997 年 11 月，宋平（右）、袁宝华（左）出席中国人民大学建校 60 周年暨吴玉章奖金颁奖大会。

袁宝华一贯重视学校思想政治工作，把调动广大教职员工和青年学生的积极性放在重要位置。他从培养社会主义建设事业接班人的战略高度着眼，提出要发挥学校各级党组织的主导作用，学校党政领导和各个方面协调配合，教职工都要担负起教书育人、管理育人、服务育人的任务，把思想政治工作进一步落到实处。他指出，加强思想政治工作要坚持理论与实际相结合，继承和创新相结合，教书与育人相结合。要关心学生的思想、学习和生活。他对青年教师和学生满腔热忱，从不横加指责和批评，而是与他们交朋友，谈思想。在学校思想政治工作遇到新挑战、新形势的 1990 年，他多次提出要对青年进行爱国主义教育，让青年们知道新中国是怎么来的，中国革命的路程是怎么走的。这一年 6 月，他在学校教职工党员学习大会上，发表了题为《作一个坚定的清醒的革命者》的讲话。在这个讲话中，他联系自己的成长经历和思想实际，集中讲了关于思想教育、关于组织观念、关于实事求是的作风、关于为人民服务的宗旨等四个问题。他的分析透彻有力，讲话亲切感人，对于稳定学校形势，调动广大教师，特别是青年教师的积极性，起了关键作用。他将中国人民大学的优良传统和校风概括为“理论联系实际、实事求是、勇于开拓、民主团结、艰苦奋斗”，号召大家继承和发扬这些光荣传统，使中国人民大学无愧于时代的要求。

袁宝华大力倡导理论联系实际的学风。多次强调指出，当前最大的实际，就是全国人民在中国共产党的领导下，坚持四项基本原则，坚持改革开放，同心同德地建设有中国特色的社会主义。广大教育工作者和理论工作者，应该满腔热情地关注波澜壮阔的建设和改革的伟大事业，积极投身到火热的社会生活中去。社会科学要为促进社会主义物质文明建设和加强社会主义精神文明建设服务；理论工作应该对社会实践所提出的多种问题和创造的各种经验作出科学的说明和概括。既从丰富生动的社会实践中吸取理论创造的营养，又用自己的理论知识为社会实践提供有益的服务。针对学校教育中存在的片面注意传授知识，而忽视对学生能力的培养的问题，他强调应坚持传授知识与发展智能的统一，要充分发挥学生的学习积极性和创造性，让学生更多地在自学中养成主动获取知识的能力，这样才能更快更好地成长。他强调要理论联系实际。学校把组织学生进行社会实践的工作纳入到学校的整个培养计划中去，纳入到对学生的成绩考核里边去。教师也需要了解实践，学生参加实践，教师要带头。教学、科研与实际结合是教育改革的重要任务，科学研究应该注意同我国当前现实的重大实际问题紧密结合，认真研究社会主义初级阶段的重大理论问题；注意同学科建设、课程建设紧密结合，特别是要同培养高层次的硕士生、博士生的工作相结合，使科研成果能够有助于提高学生的培养质量。当他得知一批青年学生利用寒暑假，到城市乡村、基层企业等进行调查研究，写出一批社会调查论文时，欣然为这些论文编纂成书的《中国人民大学学生社会实践论文集》作序，并把这个学生《论文集》送给中央领导参阅。

学科建设是学校工作的中心环节之一。袁宝华把学科建设放在学校工作的重要位置上。在改革开放的形势下，他提出要进一步调整和完善人民大学业已形成的以人文社会科学为主的综合性大学的学科体系，稳定多层次、多学科、多形式的办学格局和规模，加强同自然科学和技术科学的联系，促进文理渗透，提高现有各个学科、专业的水平。多次强调要把教学与科研紧密结合在一起，要加强科学研究、提高学术水平，日益深入的教学改革为科学研究提出了丰富的课题，而教学改革成效的大小，很大程度上取决于科研工作开展的好坏。对教学科研的队伍建设问题，他多次强调要立足长远，在发挥老教师、老专家的作用的同时，加强中青年学术带头人的培养，促进中青年教师在教学、科研方面得到更快的提高。号召老同志都要开明一些，要奖掖后进，要带青年人，要支持他们，要帮助他们树立威信，要创造条件提高他们的“知名度”。他希望中青年知识分子要大胆地、创造性地工作，为改革开放建功立业。在他的努力下，一批卓有成就的青年学者脱颖而出。在他的关心下，反映人民大学最新学术成果的《中国人民大学丛书》问世，《中国人民大学学报》正式创刊。

民主作风是袁宝华一贯坚持和发扬的工作作风。他把民主办学作为进一步办好中国人民大学的根本出路和可靠保证。他曾明确指出：进一步办好人民大学的根本出路和可靠保证是什么呢？概括起来说，就是要充分发挥全校师生员工的社会主义积极性和创造精神，真正把大家的力量凝聚到培养高质量的社会主义现代化建设人才的光荣事业中来。他常说，民主办学是我们的传统，要更加重视决策的民主化和科学化，要调动全体师生员工的积极性，用多种形式开通领导与群众对话协商的渠道，在体制和制度上保证大家行使当家作主的民主权利。民主意识不光领导者要有，大家都要有，民主意识在很大程度上是自主意识。在他的领导下，人民大学在 1985 年建立教职工代表大会制度，成立了校务委员会，这些都成为教职工发扬民主、加强监督、参与管理的重要组织形式。他主持制定了《充分发扬社会主义民主，进一步搞好民主办学的若干措施》，提出从十三个方面疏通民主渠道、落实民主办学的具体办法，要求学校定期召开校务委员会会议、教职工代表会议和学生代表会议，作为师生员工对学校进行民主管理和公开监督的有效形式。他要求学校的领导班子在确定学校的重大决策前广泛征询师生员工的意见，按照民主程序反复讨论、集思广益、群策群力、切合实际、科学决策、避免失误。他身体力行，尊重知识、尊重知识分子，多年来与老教授、老专家赤诚相待，虚心听取他们的意见，和他们中的许多人成了知心朋友。如与胡华教授就建立了很深的友谊，胡华教授生前与袁宝华可以说无话不谈。袁宝华退下来多年以后，其中不少专家学者，每每遇到一些问题，

1987年1月，宋涛（左一）、胡华（左三）到家中看望袁宝华、朱傲石夫妇。

有了一些想法，还愿意找袁宝华聊一聊，谈谈心。他与人民大学的宋涛教授结下了深厚的友谊，两位老人互相牵挂着对方，时常要在一起谈谈心，交流对一些理论与现实问题的看法。2000年12月，他参加宋涛教授从教60年活动，发表了热情洋溢的《向宋涛教授学习》的讲话，号召大家要学习宋涛教授始终坚持马克思主义的立场，始终坚持理论联系实际的作风，始终坚持不断学习、不断创新的精神，始终坚持批评和自我批评的精神。看到两位老人这样深厚的友谊，看到他这样尊重宋涛

2000年12月，出席宋涛教授从教60周年活动。

教授，这样赞誉和评价宋涛教授，与会者无不为之动容。他十分牵挂人民大学的老教授、老专家，经常托人向他们转达他的问候，吴大琨教授身体长期不好，他每年都托人转达问候，当得知吴教授撰写了回忆录《白头惟有赤心存——风雨九十年琐忆》后，欣然为之作序，并向出版社推荐出版。

与知识分子交朋友是袁宝华做知识分子工作的最大特点。他在担任校长期间，十分关心知识分子的生活困难和实际问题，想知识分子所想，急知识分子所急。1990年前后，人民大学相继有多位五六十岁的中年学术骨干去世，这引起了他的警觉并使他十分伤心，他曾感叹道：

教业经营赖俊才，英年辞世实可哀。

而今千里马骨贱，何日再筑黄金台。

他总感到我们讲重视和关心知识分子，还仍然是停留在口头上的多。对知识分子则要求十分苛刻，习惯于吹毛求疵，不能原谅他们的非原则性缺点，这怎么能够增强凝聚力呢？他对受过委屈和不公正待遇的同志也十分关心，例如，人民大学的老教师葛佩琦是“一二·九”运动的骨干，长期潜伏在国民党内部，对党的事业做出了贡献。后来在反右运动中被错划成右派，受了很多委屈和磨难。袁宝华来到学校后，十分关心他的问题，积极为他平反冤假错案，并多次登门问候，帮助他解决生活和工作问题，使这位革命老人在晚年真正体会到了党的温暖。

袁宝华十分爱护青年学生，十分关心青年学生的健康成长。在人民大学纪念“一二·九”运动50周年大会上，袁宝华发表了热情的讲话。作为当年“一二·九”运动的参与者，他对青年学生说：虽然时代不同了，但是青年学生要永远把握时代脉搏，走在时代的前列，这一点是相同的；青年学生要与全国人民同呼吸、共命运，以人民的根本利益为自己行为的准则，这一点是相同的；青年学生要完成自己的历史使命，要有为革命事业献身的精神，这一点也是相同的。他要求学校教职员工都要关心学生的学习、思想和生活，年纪大的同志要把学生当作子女看待，年纪轻的同志要把学生当作弟妹看待，使他们有亲切感、有温暖。他针对当时青年学生中存在的“空”（即人生观不明确）、“浮”（即飘浮不太实在）、“散”（即作风散漫）现象，提出要克服“老”（即教育思想陈旧）、“平”（即教学内容太平，缺乏新意和创新）、“松”（即管理上松），要从七个方面提高教学质量和办学效果。广大青年学生喜欢聆听袁宝华讲话，他也喜欢与青年学生座谈与交流。大家都感到，袁宝华有一颗年轻的心！

1991年12月，袁宝华从人民大学校长的岗位上卸任。退下来后，他仍然十分关心人民大学的每一步发展，为人民大学的每一个进步而感到高兴。他对人民大学的期待、对人民大学知识分子的期望，仍然响在人民大学师生的耳畔。他期待着人民大学培养出一大批品学兼优、德才兼备的新型人才，这些人才必须要适应四化建设的需要，具有各种现代化的科学知识，能够成为在各个领域中精通业务的专家。他期待在这些人中，尽可能多地培养出一批如毛主席所要求的“具有政治远见”的、不谋私利和充满牺牲精神的、脚踏实地和富于实际精神的“先锋分子”。

2002年7月，参加第四届吴玉章奖金基金委员会会议，与程天权（右一）、顾海良（左三）、宋涛（左二）、戴逸（左一）在一起。

2002年9月，参加中国人民大学成人高教创办50周年庆祝会，与纪宝成（左一）、谢韬（左二）、杨干忠（右一）在一起。

袁宝华十分重视发挥人民大学在国家行政管理干部教育体系中的作用。他在长期担任行政领导工作期间，始终把提高干部的政治素质和业务素质作为重要工作来抓。他希望人民大学在这方面能够做更多的工作。1986年1月，李鹏主持召开会议，同意人民大学筹建经济管理学院、行政管理学院和政治学院，确定由袁宝华担任筹建领导小组组长。1986年5月，在他提议下组成了中国人民大学经济管理学院、行政管理学院筹建领导小组，他亲自担任组长，邀请党中央、国务院各有关部门负责人参加工作，包括：王书明、王照华、滕藤、彭珮云、刘中一、张彦宁、焦善民、迟海滨、张百发、黄达等。1987年8月，国家教委正式批复同意人民大学成立经济管理学院和行政管理学院。在他的倡导和推动下，中央决定组建国家行政学院。袁宝华向时任总书记的赵紫阳和国务院总理李鹏建议，由人民大学来做筹备工作，得到了他们的大力支持。1988年7月，李鹏总理主持召开总理办公会议，决定国家行政学院作为国务院直属事业机构，委托中国人民大学负责学院的筹建工作。成立筹建工作领导小组，由袁宝华担任组长，国家计委、国家教委、人事部、财政部、北京市人民政府和中国人民大学等部门、单位的领导参加。会议决定，学院建成以后即与人民大学脱钩，由国务院领导。会后立即成立了以袁宝华为组长，党中央、国务院有关部门负责人组成的领导小组。领导小组成立后，就开始紧张地工作，培训干部、制定章程、选择院址，并延揽了一批专家学者。1989 年 3 月，全国人大正式通过设立国家行政学院的决定。1990 年 6 月，在行政学院各项筹备工作已顺利开展后，袁宝华才辞去了领导小组组长的工作。今天，国家行政学院经过近 20 年的发展，已经成为我国培训高中级公务员的新型学府，成为培养高层次管理人才和政策研究人才的重要基地，成为为中央提供决策咨询服务、开展公共行政等领域理论研究的重要机构。

结束语

再披彩霞作征衣

袁宝华虽然逐渐从繁忙的工作岗位上退了下来，但是他的思想没有退休，他的追求没有退休，他对我国社会经济发展的关心没有退休。他仍在不断地思考着我国经济生活中出现的各种问题，关注着党和国家所采取的各种方针政策，多次下到基层和企业进行调查研究，并毫无保留地把自己的思考和看法转达给在一线工作的领导，为党和国家献计献策。

2002 年 11 月，在中共十六大上与代表亲切交谈。

1996 年，在他 80 周岁时，他欣然挥笔写下《八十述怀》，表达了自己一生的追求和对中国命运的关切。诗曰：

盛世风光满眼新，耄耋之年几度春。

少壮常怀济民志，垂暮犹存报国心。
征途险阻鼓剩勇，正气张弛系念深。
岁月不居廉颇老，宜将清白贻子孙。

袁宝华这首《八十述怀》一时间不胫而走，在许多战友、同事、朋友中传诵，人们对他的理想和情怀，对他的思考和系念，对他的追求和自律，都给予了崇高的评价。许多人读后都十分感动，纷纷唱和。原国务院总理朱镕基在读了袁宝华《八十述怀》后，专门写了这样的诗句：

奉天初识韩荆州，亦师亦友五十秋。
廉颇跨鞍情未老，赤臣谋国志不休。
企改运筹功绩著，公正廉明口碑留。
我学袁公高格调，无愧于心复何求。

1999年4月，与朱镕基在中南海紫光阁合影。

王梦奎也专门和诗道：

喜读华章意象新，风霜历尽又逢春。
三山倾覆酬鸿志，九州规恢见匠心。
岁月相期茶与米，文章老到博而深。
满城争说袁公好，岂止清操贻子孙。

全国文联党组书记、中国思想政治工作研究会常务副会长胡振民是袁宝华北京大学数学系的系友，前后相距 30 年都曾经在北京大学数学系学习过，他作诗道：

盛世风光处处新，红楼桃李满园春。
束发皆习勾股弦，促膝再论精气神。
老臣谋国霜染鬓，吾辈接力魂系民。
满城争说袁公好，汗青永留一丹心。

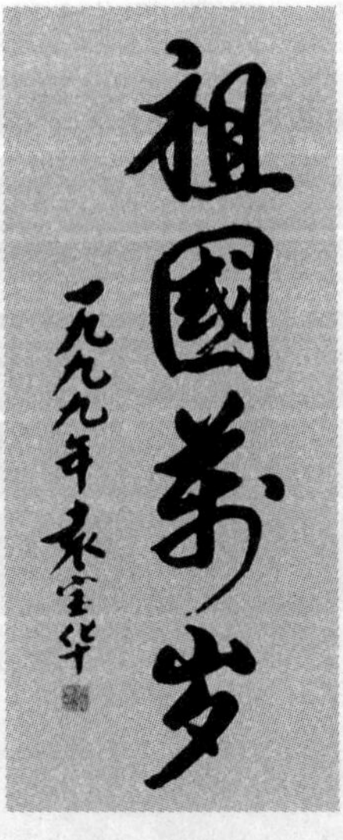

1999 年 9 月，为军事博物馆举办的《祖国颂》题词。

2005年元月，袁宝华度过了他的90岁诞辰，那些他的老朋友和新朋友，那些他的老战友和老同事，那些与他有着亲切交往的人们，都满怀真诚地祝福他老人家健康长寿。

袁宝华在人生90岁时写下了《九十自嘲》的诗，以表达他老骥伏枥，志存高远的情怀。诗曰：

人生九十古来稀，而今百岁亦可期。
步履蹒跚身犹健，耳目昏聩志不移。
思路常新免痴呆，实事求是勿自欺。
喜见神州正崛起，再披彩霞作征衣。

朱镕基专门撰写了《敬祝宝华同志九十华诞》的文章，他在文章中深情地写道：

宝华同志是我参加工作后的最早领导，也是我一直努力学习的榜样。

1951年夏，我从大学毕业后，分配到东北工业部计划处工作。当时宝华同志担任计划处处长，我刚出校门，不知道如何工作，更不知道如何待人接物，宝华同志就是我最好的启蒙老师。他为人正直，工作勤奋，对人谦和，从不疾言厉色，总是使你感到他对你的信任、肯定和支持，让你敢于大胆地去工作。我和许多曾经在他领导下工作过的同志一样，无不感到那段时期工作默契、心情愉快。我们总是称他“宝华同志”，不称官衔，我们谈到他的时候叫他“宝华”，在亲切的感情中，更透出充分的信赖。他的这种人格魅力，来源于他的真诚。他的真诚发自内心，表现于对人的关爱，是真心实意的关爱，是从不为自己，总是为别人着想的关爱。

宝华同志博闻强记，勤奋刻苦，批阅文件从不过夜，而且看得仔细，常常勾出报告中的错误数字。批语观点明确、言简意赅，让人知道该怎么去做。他讲话不看讲稿，论点鲜明，数据翔实，逻辑井然，语言生动，大家都爱听他讲话。他的这种非凡能力，来源于他对革命事业的忠诚和使命感，来源于长期的工作历练。宝华同志从1935年参加“一二·九”学生运动，1941年起在延安党中央组织部工作，1946年后参加东北地区的解放和建设，50年代到中央重工业部主管钢铁工业工作，60年代主持全国物资工作，70年代主持全国工交生产工作，他的经历反映了新中国经济建设的一个重要历史方面，也造就了他的卓越才干。基于他对中国经济实际的深切了解，在经济发展的转折时期，他总能作出符合客观实际的理性判断，不唯上，不媚俗，这种品德是极其难能可贵，也是值得我们认真学习的。

我们衷心祝愿袁宝华健康长寿！